1001

Preguntas antes de

tener un bebé

TAMBIÉN POR MÓNICA MÉNDEZ LEAHY

1001 preguntas antes de casarse

1001

Preguntas antes de tener un bebé

Mónica Méndez Leahy

Publicado en los Estados Unidos por De Sales Press, desalespress.com
La edición original de esta obra ha sido publicada en la lengua inglesa por De Sales Press con el título: *1001 Questions to Ask Before Having a Baby*.

Primera edición

Library of Congress Cataloging-in-Publication Data

Leahy, Monica Mendez.
1001 preguntas antes de tener un bebé / Monica Mendez Leahy.
p. cm.

ISBN 978-0-9895677-2-5 (pbk.)
1. Pregnancy—Popular works.
2. Childbirth—Popular works.
3. Child rearing—Popular works.
4. Parenthood—Popular works.
I. Title.

Library of Congress Control Number: 2025914194
RG525 .L38 2025
618.24—dc23

Datos de catalogación en publicación del editor (traducción cortesía)

Leahy, Monica Mendez.
1001 preguntas antes de tener un bebé / Monica Mendez Leahy.
p. cm.

ISBN 978-0-9895677-2-5 (tapa blanda)
1. Embarazo—Obras de divulgación.
2. Parto—Obras de divulgación.
3. Crianza de los hijos—Obras de divulgación.
4. Paternidad—Obras de divulgación.
I. Título.

Número de control de la Biblioteca del Congreso: 2025914194
RG525 .L38 2025
618.24—dc23

ISBN 978-0-9895677-3-2 (libro electrónico),
Número de control de la Biblioteca del Congreso: 2013943677

Servicios de traducción por Gina Lewis, M.A.

A los valientes y benévolos que deciden ser padres

Contentas

Introducción

Cuando terminé el primer borrador de este libro, tenía más de 3000 preguntas. Consideraba importantes preguntas como "¿Cuánto tiempo esperas que tu madre se quede para ayudarte con el bebé?" y "¿Seguirás publicando fotos de tu hijo en las redes sociales, aunque te pida que pares?" Sin embargo, el título de este libro me obligó a coger un hacha y partirlo en serio.

"Este libro contiene más de 1000 preguntas que debes considerar antes de tener un bebé. Algunos pueden preguntarse por qué no hay más preguntas sobre redes sociales, planificación patrimonial, obesidad infantil o planes de ahorro para la universidad. La respuesta es que, si estas preguntas iniciales hacen que los futuros padres hablen sobre estos temas y otros más, entonces el libro habrá cumplido su propósito. Aunque este libro trata muchos temas, no es más que el principio de una vida llena de preguntas que los padres se harán mientras buscan la mejor manera de criar a sus hijos.

El objetivo es preparar a los futuros padres para las responsabilidades y dilemas que conlleva traer una nueva vida al mundo, no asustarlos. Aunque el destino ya haya trazado el camino de tu familia, tú eres quien está al volante. Las preguntas de este libro te darán una idea de los desvíos y bifurcaciones que probablemente encontrarás en el futuro y te permitirán pensar en cómo maniobrar a través de estos giros y vueltas. No hay mayor responsabilidad que cuidar de alguien que depende completamente de ti, por lo que aventurarse en la paternidad sin una guía es demasiado arriesgado. Así que abróchate el cinturón, reúne tus fuerzas y prepárate para el mejor viaje de tu vida.

Capítulo 1

Un bebé lo cambia todo

"Lo más difícil que hice después de tener a mis hijos fue dejarlos ir. Tengo una personalidad tipo A, y si esperara que todo fuera siempre perfecto, me volvería loco a mí mismo y probablemente a mis propios hijos. Tuve que rendirme al caos. Y ya sabes, estaba bien. Solo tenía que... rendirse."

—Tina es madre de cuatro niños de entre 4 y 14 años

"Un bebé lo cambia todo", al menos eso es lo que todo el mundo te dice. Aparte de la falta de sueño, la lavandería interminable y el cambio del biplaza por una minaban, ¿qué otros cambios puedes esperar? Para medir la precisión de tu visión de la vida después del parto (o la adopción), termina cada oración a continuación con la declaración que mejor describa cómo ves tu futuro como la madre o el padre supergenial que esperas ser. Es posible que te resulte interesante revisar tus respuestas en uno o dos años y ver si fueron clarividentes o divertidamente despistadas.

¿Qué cambios debes esperar después de tener un bebé?

Después de que llegue el bebé...

1. estarás de compras por zapatos y pensarás,
    a) "Prefiero un tacón lo más alto y de aguja"
    b) Prefiero estar de chancla
2. quedarse dormida en el sofá antes de las 19:30 será...
    a) algo que hacen los abuelos.
    b) algo que ocurre a diario.
3. las funciones corporales, como cuando tu bebé haga caca o pipí, serán...
    a) discutidos en privado.
    b) anunciados en las redes sociales.
4. te dará asco ...
    a) olores corporales desagradables, vómitos, piojos.
    b) nada, en realidad.
5. se te presentará como...
    a) Sr. o Sra. _________.
    b) la mamá o el papá de Joey.
6. te soñarás con...
    a) ganar la lotería.
    b) dormir hasta tarde.
7. te sorprenderá todo lo que puedes lograr...
    a) en un solo día.
    b) con una sola mano y un bebé en la cadera.
8. a media tarde necesitarás...
    a) dos tazas de café para poner te en marcha.
    b) dos copas de vino para seguir adelante.
9. verás tus senos como...
    a) zonas erógenas.
    b) zona de alimento gratis y conveniente.

10. tu página de redes sociales será principalmente ...
    a) fotos tuyas con lindos atuendos.
    b) fotos de tu bebé con lindos atuendos.
11. te esforzarás por llegar a lugares...
    a) a tiempo.
    b) menos de 30 minutos tarde.
12. un momento de silencio y tranquilidad en tu casa significará...
    a) que puedas relajarte durante unos minutos preciosos.
    b) alguien está haciendo una travesura o algo anda mal.
13. cuando los vendedores telefónicos llaman, tú...
    a) cuelgas el teléfono inmediatamente.
    b) disfrutas la oportunidad de tener una conversación adulta.
14. el objetivo de moda es...
    a) ser una mamá de notable elegancia.
    b) que los demás no noten que no te has lavado el pelo y llevas la misma ropa cinco días seguidos.
15. comprarás gafas de sol extragrandes...
    a) para lucir moderna y proteger los ojos mientras empuja un cochecito al aire libre.
    b) para que nadie te reconozca sin maquillaje y bolsas debajo de los ojos mientras empujas un cochecito al aire libre.
16. conducirás por un puente largo, sobre un río, y pensarás ...
    a) qué linda vista!
    b) debería haber puesto a mi bebé en un chaleco salvavidas!
17. conocerás a una amiga potencial y pensarás...
    a) espero que sea divertido pasar el tiempo con ella.
    b) espero que esté disponible para cuidar a mi bebé.
18. programarás "Tiempo para mí" para...

a) conseguir una manicura o masaje que tanto necesitas.

b) ir al baño sin interrupciones.

19. La motivación para entrenar para tu primer maratón será...

a) hacer ejercicio y mejorar tus logros físicos.

b) tener al menos una actividad tranquila, solitaria y adulta.

20. Tu camiseta favorita será...

a) una camiseta de moda en un color favorecedor que resalte tu figura.

b) una túnica de gran tamaño con un estampado que oculta las manchas.

21. Programarás tus días...

a) según el reloj.

b) de acuerdo con los horarios de la siesta.

22. Tendrás la tentación de andar desnuda...

a) para demostrar que sigues siendo sexy.

b) para tener menos ropa que lavar.

23. Usarás tiempos de espera cuando...

a) tu hijo tiene una rabieta o una crisis nerviosa.

b) estás a punto de tener una rabieta o una crisis.

24. El electrodoméstico que esperas usar menos es...

a) la secadora de ropa.

b) tu secador de pelo.

25. Conocerás todas las palabras para...

a) de tu canción favorita de hip-hop.

b) la canción del conejito difuso de hip-hop.

Sí elegiste la opción "b" como respuesta a la mayoría de las preguntas anteriores, ¡felicidades! tu mente ya está en modo parental.

¿Qué hace que un "Hombre" sea un "Papá"?

"Tengo que admitir que el embarazo es el momento de la madre. Sí, estás emocionado, pero realmente no sientes que sea real todavía, tal vez porque el bebé no está dentro de ti. Pero, en el momento en que nazca, se produce una transformación total. Te das cuenta de que cualquier decisión que tomes afectará directamente a la vida de otra persona, o de otras dos personas. No puedes creer que te hayan dado ese tipo de poder. Es muy empedrador."

—Pedro, padre de un niño de 1 mes

Convertirse en padre no significa que tus sueños de aventura y éxitos empresariales tengan que morir. Como un amigo le preguntó a Peter Clemens, fundador y editor de Possibility Change, "¿Por qué no puedes tener un bebé y, aun así, viajar por el mundo y ganar dinero?" A lo que la sorprendente respuesta es que se puede. Muchos padres descubren que están *más* motivados para lograr tus aspiraciones. Esperan compartir los frutos de tu éxito con tus hijos, al tiempo que son muy conscientes del tipo de camino que trazarán a medida que abren un camino hacia el futuro.

¿Cambiarás de un estado mental de "hombre" a uno de "papá"? Para averiguarlo, elige la respuesta que creas que describirá mejor tus sentimientos como padre recién acuñado.

Después de que nazca tu bebé...

1. tu motivo principal en la vida será...
   a) ganar millones de dólares.

b) que tu hijo se sienta orgulloso de ti.

2. dirías: "Mataré a cualquiera que...
   a) raye mi nuevo camión", y estar bromeando.
   b) ponga un dedo sobre mi hijo", y lo digo en serio.
3. los incendios en las casas, la asfixia con la comida, el ahogamiento, el secuestro son cosas...
   a) que lees o ves en programas dramáticos de televisión.
   b) constantemente temes que le suceda a tu hijo.
4. mirarás hacia atrás en tu vida antes del bebé y pensarás...
   a) "Eran los buenos tiempos."
   b) "Chico, mi vida era aburrida."
5. salvar a las ballenas, proteger nuestros parques nacionales y exigir agua potable limpia son todas las causas...
   a) tomadas por chiflados zurdos y abrazadores de árboles.
   b) En que participarás activamente en la promoción para garantizar un mejor entorno para tu bebé.
6. una ronda de golf por la tarde significará...
   a) maldecir en el green cuando fallas un putt.
   b) reír incontrolablemente cuando no puedes subir la pelota por la rampa y entrar en el mini molino de viento.
7. pasar tiempo con amigos recordando travesuras del pasado suena como ...
   a) una gran idea no hay nada más que quisieras hacer.
   b) una idea tonta hay tantas otras cosas que preferirías hacer.
8. verás que una moto llamativa pasa a toda velocidad por tu calle y pensarás...
   a) "¡Qué máquina! ¿Dónde puedo conseguir uno?"

b) "¡Más despacio, hay niños jugando!"

9. vislumbrarás tu reflejo mientras caminas por la calle y pensarás...

a) "Me pregunto si sigo siendo un imán para las chicas."

b) "¡Quién diría que este bebé sería un imán para las chicas!"

10. memorizarás los nombres de...

a) todos los jugadores de los Lakers de Los Ángeles.

b) todos los personajes de Plaza Sésamo.

11. buscaras un nuevo modelo de coche significará que estas...

a) buscando nuevos modelos de automóvil.

b) explorando nuevos modelos de cochecitos.

12. pasarás horas pensando en cómo lucir genial...

a) frente a las mujeres.

b) cargando un portabebés.

13. tu mejor manera de superar un mal día de trabajo es...

a) jugar al póker y ver deportes con amigos.

b) jugar al escondite y ver dibujos animados con tu hijo.

14. cuando ves a un delantero marcar un gol increíble durante el Mundial, pensarás...

a) ese debería ser yo en el campo.

b) un día, ese será mi hijo en el campo.

15. te sentirás como un superhéroe cuando...

a) haces que tu pareja grite en la cama.

b) haces que tu bebé deje de gritar en tus brazos.

16. tu motivación para volver a estar en forma será...

a) lucir mejor desnuda.

b) para tener las energías para seguir el ritmo de tu hijo.

17. tu lema es "Vivir...

   a) por el día."
   b) para el futuro."

18. tu teléfono tiene un total de...
   a) 200 fotos aleatorias tomadas a lo largo del año.
   b) 200 fotos de tu bebé tomadas ayer.
19. una vez que termine tu turno en el trabajo...
   a) te quedarás para compartir algunas risas con tus compañeros de trabajo.
   b) correrás a casa para compartir algunas risas con tu bebé.
20. Jurarás que cualquier hombre que...
   a) cambia un pañal es un cobarde.
   b) no puedo cambiar un pañal, es un cobarde.

Si elegiste "b" como respuesta a la mayoría de las preguntas, estás bien preparado para tu futura vida en Papilandia.

¿Cómo cambiará un bebé la relación con tu pareja?

"Afortunadamente, mi esposo es noctámbulo, por lo que estaba a cargo de las comidas nocturnas. ¡No podía esperar para golpear la cama! Cuando decidimos que nuestros bebés estaban listos para dormir en sus propias cunas, mi esposo, el noctámbulo, se encargó de vigilar a los bebés durante el período de destete. Criar a un hijo es agotador, tanto en el buen como en el mal sentido. Primero somos una pareja, ahora somos una familia. Eres muy feliz, ¡pero las responsabilidades! La dinámica de la relación cambia, y tú tienes que cambiar con ella. Así es la vida; simplemente no tires la toalla."

—Judy, madre de una hija de 12 años y un hijo de 17 años

Hacer un trío (tú, tu pareja y el bebé) significa reforzar tus habilidades para trabajar en equipo, que se pondrán a prueba constantemente. No esperes una división del trabajo al cincuenta por ciento; ¿cuándo ha sido la vida justa e igualitaria? Ve tu asociación como el termostato de tu hogar: el calentador hace todo el trabajo durante una temporada, mientras que el aire acondicionado funciona horas extra durante la otra. Luego llega el año loco en el que el aire acondicionado parece funcionar los doce meses.

Trabajando de forma independiente, responde a las siguientes preguntas junto con tu pareja. Elige la opción que mejor refleje tus expectativas. Después, comparte tus respuestas con tu pareja para entender mejor cómo afrontará cada uno los cambios en vuestra relación y para crear un plan sobre cómo gestionarlos.

No hay respuestas correctas o incorrectas a las preguntas anteriores. Son solo opiniones con las que las parejas deben trabajar y ajustar mientras buscan la unidad a través del compromiso.

1. ¿De quién se espera que cambie más la vida con la llegada de tu bebé?
    a) Sobre todo, la tuya.
    b) Sobre todo, la de tu pareja.
    c) La tuya y la de tu pareja por igual.
2. ¿Cómo compartirás las responsabilidades para que una persona no se sienta abrumada por las exigencias del cuidado de un recién nacido?
    a) Hablemos y hagamos un horario con las tareas de cada uno.
    b) Ayudémonos mutuamente siempre que podamos.
    c) Llamemos a mamá o contratemos a una niñera.

3. ¿Cómo te sentirías si tu pareja te acusara de volverte demasiado "obsesionado con el bebé"?
    a) Un poco herida, pero trataría de cambiar.
    b) Indiferente.
    c) Molesto. Mi pareja debería aprender a sobrellevarla.
4. ¿Te asegurarás de hablar de otras cosas además del bebé con tu pareja?
    a) No, el bebé debe ser el centro de nuestras vidas, las 24 horas del día, los 7 días de la semana.
    b) Lo intentaré, pero será muy difícil de hacer.
    c) Absolutamente, me niego a convertirme en un padre que SOLO habla de tus hijos.
5. ¿Cómo te sentirías si tu pareja quisiera unirse a un grupo de lectura, una liga de bolos o un club deportivo que requiriera noches lejos de ti y del bebé?
    a) Ser padre significa renunciar a los pasatiempos personales.
    b) Indiferente. No me molestaría en absoluto.
    c) Aceptando. Está bien, siempre y cuando tenga una tarde libre para mí mismo por cada noche que mi pareja esté fuera.
6. ¿A quién acudirías en busca de consejo si sintieras que a tu pareja no le gusta cuidar al bebé tanto como te gustaría?
    a) Compadres o familiares que hayan pasado por una experiencia similar.
    b) Una ayuda anónima por la red o con un consejero profesional.
    c) Prefiero solucionar el problema "en casa" y en pareja.
7. ¿Con qué frecuencia insistirás en pasar tiempo a solas como pareja?
    a) En ocasiones especiales como San Valentín o nuestro aniversario.

  b) Al menos una vez al día, pero nunca menos de una vez a la semana.
  c) Podemos volver a conectarnos como pareja una vez que el bebé se vaya a la universidad.

8. ¿Cuál sería una señal de que estás perdiendo el contacto con tu pareja y tu relación necesitas ayuda?
  a) Peleas con más frecuencia o sospechas que la depresión posparto está afectando tu relación.
  b) No están peleando más, sino que pasan cada vez menos tiempo juntos.
  c) Estás empezando a tener sentimientos románticos por alguien que no sea tu pareja.

9. ¿Permitirás que las tareas domésticas, tu trabajo, y las actividades del bebé tengan prioridad sobre el tiempo que dedicas a tu pareja?
  a) Sí. Hay que dejar ir tiempos juntos para hacer espacio a todas las nuevas responsabilidades
  b) Sí, es más importante ver feliz a mi bebé que tener una relación feliz con mi pareja.
  c) No. Las citas románticas con mi esposo no son prescindibles.

10. ¿Cuál de las siguientes opciones te molestaría más?
  a) Tu pareja muestra ignorancia sobre cómo cuidar a un bebé.
  b) Tu pareja muestra falta de interés en cuidar al bebé.
  c) Tu pareja depende demasiado de uno de tus padres para cuidar al bebé.

11. ¿Qué le dirías a tu pareja si te dijera que estás descuidando tus necesidades y enfocándote demasiado en las del bebé?
  a) "Supéralo, te tocó a ti."

b) "Acércate para que te dé un gran abrazo también."

c) "¿Qué hay de MIS necesidades, mocoso, egoísta?"

12. ¿Echarías a tu pareja de la cama para dejar que tu hijo pequeño duerma contigo?

    a) Sí, quiero disfrutar de colecho el mayor tiempo posible.

    b) Solo si nuestro hijo tuvo una pesadilla terrible.

    c) No. No es justo para mi pareja, además los niños tienen que aprender a dormir en tus propias camas.

13. ¿Qué harías si pierdes por completo el deseo de comer por tu pareja después del nacimiento de tu bebé?

    a) a) Pensar que es solo una fase que pasará en unos meses. b) Entrar en pánico, buscar consejos en internet y hacer una cita con el médico.

    b) c) Fingir hasta que lo consigas, aunque te lleve años recuperar el deseo.

14. ¿Vas a guardar juguetes, videos, juegos de plástico o peluches en tu dormitorio?

    a) Sí, queremos que nuestro hijo se sienta libre de jugar en cualquier lugar.

    b) Solo si no hay espacio para las cosas en otro lugar.

    c) No. Nuestro dormitorio será nuestro santuario solo para adultos.

15. ¿Cómo te gustaría que tu pareja respondiera a tu cuerpo después del embarazo?

    a) Quiero que diga que me veo hermosa, incluso si he aumentado 20 kilos.

b) Quiero que me anime a seguir una dieta y una rutina de ejercicios.
c) Si dice una palabra, buena o mala, sobre la parte superior de mis Michelines, le romperé las piernas.

¿Cómo cambiarán las relaciones con tus padres después del nacimiento de tu bebé?

"Hay un club al que te unes cuando eres padre. Obtienes una cierta cantidad de respeto una vez que tienes un bebé. No sé si es lástima o respeto. Noté un cambio en mis suegros. Sentí como si me miraran y pensaran: '¡Está bien, ahora eres legítimo!."

—Scott, padre de una hija de 9 años y un hijo de 12 y 16 años

La sabiduría convencional dice que cualquier tipo de relación que hayas tenido con tus padres o suegros antes de tener un bebé, se magnificará una vez que traigas tu paquete de amor a casa. Si te llevas muy bien con mamá y papá, te volverás aún más cercano. Si tus suegros son un poco molestos, se volverán intolerables. Además de los sentimientos inflados, las expectativas pueden estar completamente fuera de control. Si desea aumentar tus posibilidades de tener una relación positiva (o desafiar la sabiduría mejorando una inestable) con tus padres y suegros, querrá planificar un curso de acción sobre las quejas comunes contra los abuelos que se mencionan a continuación.

Elija una solución a las siguientes preguntas hipotéticas. Si una pregunta menciona específicamente a las madres, regresa y respóndela por segunda vez, preguntándote si tu respuesta sería diferente si "madre" fuera reemplazada por "suegra", "padre" o "suegro."

¿Qué harías sí...?

1. aprecias la ayuda de tus padres, pero cada uno de sus movimientos o palabras empiezan a volverte loca?
    a) Llora sola en tu habitación y siéntete culpable por tus sentimientos.
    b) Diles que los amas, pero que te sientes un poco ansioso y necesitas un poco de espacio.
    c) Sé directa y espeta: "Me estás volviendo loca!" "¡Retrocede!"
2. tu madre empezó a hacerse cargo de muchas de tus tareas de crianza?
    a) Convéncete de que tu dominio es mejor (y más barato) que contratar a una niñera a tiempo completo.
    b) Asigna tareas y límites específicos.
    c) Dile con suavidad, pero con firmeza, que ahora te toca a ti ser madre, que su tiempo ha terminado.
3. tu madre mostró poco interés en pasar tiempo con tu bebé o se negó a cuidar lo a tu hijo?
    a) Sentirás pena por tu egoísmo y evitarás a tu madre cuando puedas.
    b) Intenta sacar el tema con delicadeza y trata de entender su perspectiva sin juzgarla.
    c) Pregúntele por qué se molestó en tener hijos si no quería ser abuela.

4. tu madre no para de traerle regalos en forma de juguetes y ropa que tu hijo realmente no necesita ni quiere?
   a) Pon los ojos en blanco cuando trae un paquete y luego véndelo en la red.
   b) Explica que aprecias el gesto, pero que los regalos futuros se donarán a organizaciones benéficas.
   c) Regañarla por malgastar su dinero y no seguir tus reglas.
5. tu madre presta más atención a sus otros nietos que a tu hijo?
   a) Intenta vengarte de tu madre ignorándola y haciendo que tu hijo pase todo su tiempo libre con tu suegra.
   b) Piensa que, lamentablemente, es su pérdida, y sigue con tu vida normal.
   c) Insiste en que cambie tu forma de ser. No tolerarás que tenga favoritos como lo hacía cuando eras niño.
6. tu madre ha publicado fotos de tu hijo desnudo en tu página de redes sociales?
   a) No te gustaría, pero dejarías pasar esta locura de la abuela.
   b) Nada; tu hija es tan linda, ¿cómo podría resistirse?
   c) Publica fotos de ella desnuda si no las elimina.
7. tu madre invitó a la gente a ver al bebé sin preguntarte antes?
   a) Avergüénzate y soporta para mantener la paz.
   b) Explícale que el bebé está durmiendo y que no se le puede molestar, pero que estás dispuesta a organizar otra visita en otro momento.
   c) Quejarte y hacer que tu pareja encuentre una solución al problema.

8. escuchas constantemente a tu madre quejarse de que nunca ve al bebé, de que no le envían fotos o de que no le permiten sacarlo sola?
    a) Aprieta los dientes, deja que te hierva la sangre y luego cambia de tema.
    b) Háblale con tranquilidad y dile que sus quejas te estresan, así que pasarán menos tiempo juntos a menos que cambie de actitud.
    c) Dile sin rodeos que pasa mucho tiempo con tu hijo y que, si quiere más fotos, puede tomarlas ella misma.
9. tu madre no para de opinar sobre cada una de tus decisiones de crianza durante las visitas?
    a) Ignora sus comentarios, solo intenta sentirse importante.
    b) Dile con firmeza: "Mi bebé, mis reglas".
    c) Enfréntate a ella y dile: "¡Critícame una vez más y nunca volverás a ver a tu nieto!".
10. tu madre, que vino para ayudarte con el bebé, pero te está dando más trabajo en lugar de menos?
    a) Deja caer pistas que sugieran que puedes arreglártelas sin ella.
    b) Explícale que aprecias su ayuda, pero que ahora insistes en que se vaya a casa y que la llamarás cuando sea necesario.
    c) Entre lágrimas, dile que está creando más trabajo que el bebé y que ya no puedes aguantar más.

Si elegiste en su mayoría la opción "a", prefieres aguantar en silencio. Esto puede mantener la paz en casa, pero corres el riesgo de estallar cuando el estrés y las hormonas posparto te superan. Si la opción b fue la que más elegiste, tienes las habilidades diplomáticas de un buen padre y miembro de la ONU. Si elegiste principalmente la opción "c", crees que la honestidad es la mejor política, pero parece que la aplicas con demasiada fuerza. Aunque es difícil morderse la lengua cuando cada una de tus acciones recibe un comentario no solicitado sobre cómo hacerlo mejor, para tratar con éxito con tus suegros o tu pareja debes elegir sabiamente tus batallas. Cuando sientas que debes hablar, recuérdales amablemente que ellos también tuvieron la oportunidad de cometer errores y ahora te toca a ti.

¿Se quedarán tus amigos íntimos después de que llegue el bebé?

"Ella sigue siendo mi amiga, pero cuando la visito, solo me escucha a medias porque siempre está mirando a su hija. Nuestras conversaciones siempre se interrumpen porque ella grita: '¡Susi, no toques eso! ¡Susi, siéntate! ¡Susi, no hagas eso!' Su hija es linda, pero ¿crees que sería de mala educación si no la llamo hasta que Susi tuviera 18 años?"

—Conversación escuchada en un café de Los Ángeles

Las discusiones sinceras con tus amigos son una buena manera de evaluar quiénes se quedarán contigo durante los años del pañal y más allá, pero lo más importante es la conversación que debes tener contigo mismo: ¿qué esperas de tus amigos cuando pases de no tener hijos a estar con niños?

Los sentimientos heridos y los malentendidos entre amigos suelen ser el resultado de expectativas insatisfechas.

Responde a las siguientes preguntas y luego discute tus respuestas con tu amigo más cercano. Elige a alguien que te diga directamente si exiges demasiado a otras personas que, aunque te quieren, pueden necesitar algo más de tiempo para adaptarse a la crianza de los hijos.

¿Esperas que tus amigos...

1. compartan tu emoción por la llegada del bebé?
2. colaboren y te ayuden a comprar artículos de puericultura?
3. te visiten regularmente después de que nazca tu bebé?
4. te inviten a las mismas fiestas y reuniones a las que ibas antes de tener un bebé?
5. pasen el rato en tu casa tanto antes como después de que nazca tu bebé?
6. regañen a tu hijo, ni siquiera si hace algo malo?
7. te ayuden a cuidar de tu hijo mientras te duchas o haces recados?
8. le compren regalos de cumpleaños o de Navidad/Janucá a tu hijo?
9. te pidan ver fotos de tu bebé o te envíen actualizaciones sobre su desarrollo?
10. te hagan compañía mientras ves jugar a tu hijo en el parque o en el patio de recreo?

Si varios de tus amigos ya tienen familia, el paso de ser un amigo sin hijos a un miembro del club de la paternidad puede ser un cambio bienvenido. Sin embargo, si eres el primero de tu grupo en tener hijos, es posible que la transición no sea tan fácil. Eso no quiere decir que vayas a perder a todos tus amigos pre-bebé en el primer trimestre. Las amistades aumentan y disminuyen de forma natural, y un amigo que pueda retroceder durante los años de infancia de tu hijo podría volver a ser tu mayor apoyo durante la etapa de los terribles dos años.

Gerald, padre de dos hijos en edad escolar, estaba feliz de ver que la paternidad tenía poco impacto en su círculo social antes de tener hijos. "Mis amistades con personas que no tenían hijos realmente no cambiaron. Me acerqué más a las amigas que tuvieron bebés casi al mismo tiempo que yo porque podíamos entendernos. Los que tenían hijos mayores me miraban de vez en cuando y, mientras asentían, decían: '¡Ahora te toca a ti!'"

¿Cómo reaccionarán tus amigos de cuatro patas o emplumados ante la llegada de un nuevo bebé?

"Cuanto menos se acerque tu bebé para tocar a tu perro, más cómodo se sentirá el perro cerca del bebé. Cuanto más cómodo se sienta tu perro, más seguro será para tu bebé."

—Madeline Gabriel, entrenadora profesional de mascotas y tus dueños

Madeline Gabriel, creadora del programa de entrenamiento Dogs and Babies: Play It Safe (Perros y bebés juegan con seguridad), cree que un gran error que cometen los padres es insistir en que tu bebé y tu mascota se conviertan en compañeros de juego. "Tu perro es tuyo, no del bebé, ni el bebé es del perro". Este deseo erróneo de camaradería física podría explicar por qué el Journal of Injury Prevention (la revista de prevención de lesiones) descubrió que los perros que muerden a los niños con mayor frecuencia nunca habían mordido a ninguno. Esto demuestra que incluso la mascota más relajada puede comenzar a mostrar signos de agresión hacia un niño de repente. Según Gabriel, el mejor escenario entre el bebé y la mascota es la "indiferencia mutua".

A continuación, te mostramos algunas preguntas sobre cómo garantizar la paz y la armonía entre el pelaje, las plumas y las escamas con un nuevo bebé. Elige la mejor respuesta.

1. ¿Cuáles de las siguientes son buenas técnicas para preparar a una mascota para la llegada de tu bebé?
   a) Pasea a tu perro mientras empujas un cochecito.
   b) Enséñale a tu mascota comportamientos alternativos, como tumbarse junto a los muebles en lugar de saltar sobre ellos.
   c) Haz que tu mascota te vea hacer las tareas domésticas diarias mientras sostienes un bulto.
   d) Todas las anteriores.
2. ¿Cuál es la mejor manera de presentar una mascota a un bebé recién nacido?
   a) Acércalo a la cara del animal y di: "¡Aquí está tu nuevo amigo!
   b) Coloca a tu bebé en el suelo y deja que la mascota huela y le lama la cara.
   c) Dale una golosina a tu mascota mientras sostienes al bebé para ganarte su simpatía.
   d) Deja que tu mascota olfatee a tu bebé solo si está en tus brazos y si muestra interés. Luego, levántate y aléjate sin decir nada.
3. ¿Qué debes hacer si tu bebé demuestra una atracción magnética por los gatos o los perros?
   a) Fomenta su amor por los animales enseñándole a acariciar suavemente al animal.
   b) Pídele que juegue con el gato o el perro todo lo que pueda para que se unan.

c) Mantén a tu gato o perro lejos y fuera de la vista.
d) Distrae a tu hijo con juguetes mientras le enseñas que es mejor observar que tocar a los animales.

4. ¿Qué artículos comunes para mascotas no deben estar al alcance de un bebé o niño pequeño que gatea?
   a) Acuarios o jaulas de pájaros.
   b) Cuencos para la comida y el agua.
   c) Cajas de arena para gatos.
   d) Todas las anteriores.
5. ¿Cuáles son algunas mascotas que la Academia Americana de Pediatría NO recomienda para niños menores de cinco años?
   a) Reptiles (tortugas, serpientes, lagartos, iguanas).
   b) Roedores (hámsteres, cobayas, ratas, chinchillas).
   c) Mustélido (hurones, zorrillos, visones).
   d) Todas las anteriores.
6. ¿Qué comportamiento de tu mascota te haría decidir darla en adopción?
   a) Gruñir y morder a tu hijo o a cualquier persona que se acerque a él.
   b) Comportamiento destructivo (orinar en alfombras, masticar o rasgar muebles).
   c) Ladridos o quejidos constantes para llamar la atención.
   d) Ninguna de las anteriores. Preferiría gastar una pequeña fortuna en entrenadores de animales antes que renunciar a mi querida mascota.

La respuesta correcta para las preguntas del 1 al 5 es "d". Cualquiera de las respuestas a la pregunta número 6 puede ser correcta, siempre y cuando puedas garantizar la seguridad de tu hijo con tu decisión. Quien haya crecido con una mascota familiar sabe el amor y los recuerdos cálidos y duraderos que pueden brindar. Sin embargo, nunca permitas que tu amor por las mascotas o por los animales en general afecte a tu criterio y te dé una falsa sensación de seguridad cuando estén cerca de tu hijo. Nadie responde bien a una amistad forzada. Cuando esa amistad involucra a un animal y a un niño pequeño, puede ser francamente peligrosa.

¿Cómo cambiará tu vida profesional?

"Estoy muy motivado por mi carrera, así que antes de que naciera, me pregunté: '¿Podré dejarlo ir?' Pero ahora, y mis compañeros de trabajo lo saben, cuando llega el momento de salir del trabajo, voy. Sé que, en el final, tu familia estará allí, no tu trabajo."

—Carmine, padre de un hijo de 17 meses

Algunas mujeres temen volver a la oficina después de tener un hijo. Otras lo esperan con impaciencia. Trabajar para una empresa con políticas favorables a los niños y una cultura decididamente pro familia hace que sea más fácil compaginar las demandas profesionales con las de la crianza de los hijos. Pero, ¿qué harás si tienes que trabajar con un jefe antipático que se molesta por tu solicitud de descansos para la extracción de leche? ¿O si no puedes dejar de pensar en tu bebé y simplemente no puedes concentrarte en tu trabajo?

Las siguientes preguntas abordan algunos de los cambios que puedes experimentar en tu entorno laboral o en tu actitud antes y después del parto. Elige la respuesta que mejor refleje tus expectativas y tu probable comportamiento como padre trabajador.

1. ¿Qué cambios esperas en el trabajo cuando regreses de la baja por maternidad?
    a) Ninguno, será la misma rutina de siempre.
    b) Horarios más flexibles y descansos más largos para controlar al bebé y extraerse la leche.
2. ¿Qué harías si nadie en la oficina pidiera ver una foto de tu bebé o te preguntara cómo está?
    a) No te sorprendería. Se trata del trabajo, no de los esfuerzos personales.
    b) Te sentirías herida. Pensabas que tus compañeros de trabajo eran tus amigos.
3. ¿Qué harías si sintieras que tus compañeros de trabajo están resentidos con contigo por irte temprano o tomarte días libres adicionales para cuidar a tu hijo?
    a) Ignora tu actitud negativa y simplemente haz tu trabajo.
    b) Habla con tu jefe sobre la actitud de tus compañeros de trabajo y pídele que les diga que deben apoyar la maternidad.
4. ¿Hablará con frecuencia sobre tu bebé y exhibirá fotos de bebés en tu área de trabajo?
    a) No. Crees en mantener tu vida personal en casa, no en el trabajo.

b) Sí, ¿cómo podría alguien guardar silencio acerca de algo tan precioso como un bebé?

5. Si no te asignaran un proyecto concreto o no te tuvieran en cuenta para un ascenso, ¿pensarías automáticamente que fue solo porque decidiste tener un bebé?
   a) No, estoy seguro de que la empresa fue imparcial y no discriminó.
   b) Sí, las empresas no están dispuestas a promocionar a los empleados que se toman una licencia familiar o que tienen hijos pequeños.

Si elegiste principalmente la opción "a", lo que deseas es mantener tu vida laboral y familiar separadas. Cuando tengas un hijo, esperas que la vida en la oficina vuelva a la normalidad. Una advertencia: no te engañes pensando que nada ha cambiado. Ahora puedes optar a prestaciones generosas, como políticas de permiso familiar o subsidios de maternidad, si los ofrece tu empresa. Infórmate sobre las provisiones que ofrece tu empresa y no tengas miedo de aprovecharlas.

Si elegiste principalmente la opción "b", es posible que hayas esperado en exceso que todos estuvieran contentos o interesados en tu hijo y que aceptaran felizmente cualquier asignación de crianza. Es normal que quieras mostrar al mundo a tu pequeño milagro, pero todos tienen trabajo que hacer y necesitan mantenerse centrados en sus tareas. No dejes que el placer de compartir tus experiencias se convierta en una distracción en la oficina. La maternidad no es una excusa para relajarte o volverte cínica si los demás no comparten tu alegría.

Capítulo 2

Las finanzas

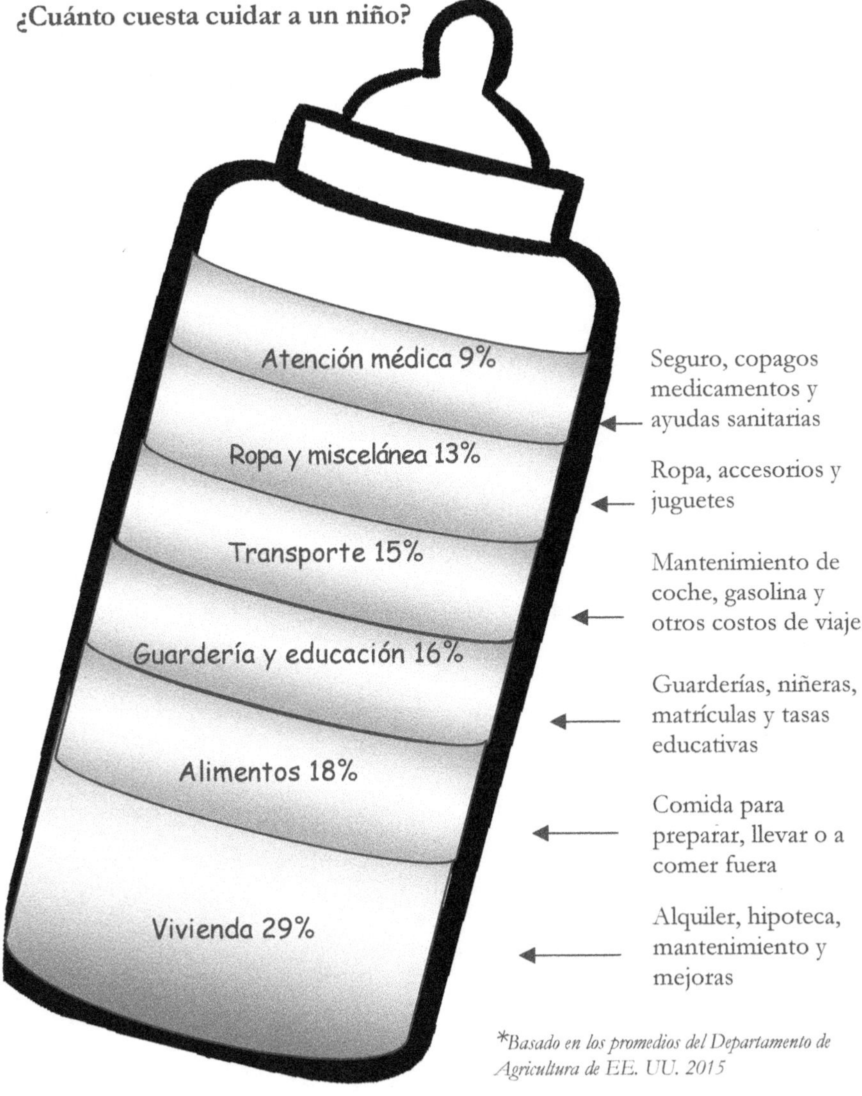

**Basado en los promedios del Departamento de Agricultura de EE. UU. 2015*

¿Cuánto gastarás para crear un hogar cómodo y seguro para tu bebé?

"Cuando nació mi bebé, la guardé en el armario... literalmente. Vivíamos con mi madre en ese momento, y todo lo que mi esposo y yo teníamos era una habitación. Arreglé el armario, que no tenía puertas, y tenía el tamaño perfecto para un moisés. Estuvo bien. Funcionó. ¿Cuánto espacio necesita realmente un bebé?"

—Belinda, madre de una hija de 22 años y un hijo de 19 años

Vivir con tus suegros o padres sin pagar alquiler es un gran ahorro de dinero, pero suele ser un acuerdo temporal. La mayoría de las parejas con hijos eventualmente se mudan a casas propias y asumen el gasto de vida más costoso: la vivienda. Pagar, amueblar y mantener una casa cómoda será tu mayor gasto, ya que representará entre el 29 y el 32 por ciento de los gastos de tu hogar.

A continuación, se muestra una lista de proyectos y compras de vivienda habituales entre los padres primerizos. Antes de sacar la tarjeta de crédito, pregúntese si el gasto es necesario y si puede permitírselo. No obstante, nunca elija el ahorro sobre la seguridad. No es un buen trato elegir un apartamento barato con una puerta de entrada a metros de una autopista muy transitada o una cuna gratuita que ha sido retirada del mercado por defectos.

¿Cómo cambiará el entorno de tu hogar después de tener un bebé?

	"Sí" o "No"	Costo estimado en $ (+) o ahorro (-)
¿Qué cambios harás en tu casa?		
¿Mudarse a una casa más grande después del nacimiento de tu hijo?	________	________
¿Mudarse con familiares para ahorrar dinero?	________	________
¿Agregar o renovar alguna habitación para acomodar a tu nuevo bebé?	________	________
¿Contratar a un limpiador de casas, jardinero o personal de mantenimiento para que le ayude con el mantenimiento del hogar?	________	________
¿Gastar más en servicios públicos para hacer funcionar los electrodomésticos y calentar o enfriar tu hogar?	________	________
¿Actualizar tu servicio de televisión, internet o teléfono?	________	________
¿Espejar un cuarto para hacer espacio para una guardería?	________	________

	"Sí" o "No"	**Costo estimado en $ (+) o ahorro (-)**
¿Comprar algún electrodoméstico, como una lavadora y secadora de ropa más grande?	______	______
¿Mudarse a una comunidad familiar con mejores escuelas, servicios culturales y programas para la infancia?	______	______
¿Pedirle a un compañero de piso (con el que se comparten los gastos) que se mude?	______	______

¿Vas a comprar un(a)...

¿Cuna o moisés y ropa de cama?	______	______
¿Cambiador?	______	______
¿Cómoda?	______	______
¿Mecedora?	______	______
¿Soluciones de almacenamiento de juguetes?	______	______
¿Cama para niños pequeños?	______	______
¿Mesa y silla de tamaño infantil?	______	______

	"Sí" o "No"	Costo estimado en $ (+) o ahorro (-)
¿Corralito?	__________	__________
¿Silla alta o asiento elevado?	__________	__________
¿Estanterías?	__________	__________

¿Qué harás para que tu hogar sea a prueba de niños?

¿Eliminar las plantas espinosas o tóxicas de tu jardín?	__________	__________
¿Instalar una cerca alrededor de una piscina, o para separar a los animales, o cercar tu propiedad?	__________	__________
¿Drenar una piscina, una fuente o un estanque?	__________	__________
¿Instalar cerraduras o clavar una entrada a espacios de arrastre, puertas para perros?	__________	__________
¿Deshacerse de electrodomésticos viejos o maquinaria guardada en el exterior?	__________	__________
¿Desechar alguna trampa para animales?	__________	__________

	"Sí" o "No"	**Costo estimado en $ (+) o ahorro (-)**
¿Comprar almacenamiento con llave para herramientas peligrosas, armas o productos químicos?	________	________
¿Instalar mosquiteros o cerraduras de seguridad en ventanas o puertas que dan al exterior?	________	________
¿Atornillar televisores, estanterías, lámparas o decoraciones de mesa que se puedan volcar?	________	________
¿Retirar las cortinas del suelo y asegúrese de que los tiradores y las cortinas no estén al alcance de un niño pequeño?	________	________
¿Instalar una pantalla de chimenea o una cubierta del radiador y quitar los fósforos y atizadores?	________	________
¿Instalar cerraduras de seguridad en todos los cajones, puertas de gabinetes e inodoros?	________	________
¿Desenchufar y guardar las maquinillas de afeitar eléctricas, secadores de pelo u otros dispositivos electrónicos cuando no estén en uso?	________	________

	"Sí" o "No"	Costo estimado en $ (+) o ahorro (-)
¿Quitar un calentador de pared del baño?	______	______
¿Retirar cualquier artículo de vidrio, como adornos, dispensadores de jabón, o lámparas que puedan caerse y romperse?	______	______
¿Quitar los ventiladores de techo?	______	______
¿Poner barandillas en cualquier cama en la que pueda dormir tu bebé?	______	______
¿Quitar las cerraduras de las puertas que solo se cierran desde el interior?	______	______
¿Recortar las ramas grandes de los árboles a las que se pueda acceder desde las ventanas del dormitorio?	______	______
¿Instalar detectores de humo y monóxido de carbono?	______	______
¿Reemplazar balaustres de la barandilla de la escalera que tengan espacios de más de 10 cm de ancho?	______	______

	"Sí" o "No"	Costo estimado en $ (+) o ahorro (-)
¿Instalar cubiertas de seguridad en los electrodomésticos y en las manijas de los grifos?	________	________
¿Instalar tapas de tomacorrientes y cerraduras de seguridad en las cajas de interruptores eléctricos?	________	________
¿Colocar una puerta de seguridad en la parte superior de la escalera o en las puertas?	________	________
¿Alejar los muebles del borde de un balcón, ventana o mostrador?	________	________

Hacer que tu casa sea segura para tu niño puede aumentar un poco los gastos de vivienda, pero al saber que la mitad de todas las muertes de niños son por accidentes como caídas, ahogamiento o asfixia, y que cada tres semanas* muere un niño porque un televisor se vuelca**, esos gastos pueden no parecer tan importantes.

**Centros para el Control y la Prevención de Enfermedades de EE. UU. (Signos Vitales 2013).*

*** Niños seguros en todo el mundo (¿Sabías que? 2013).*

¿Cuánto gastarías en el cuidado de tu hijo?

"Cuando volví a trabajar como niñera, trabajé 12 horas el primer día (después de la baja por maternidad). Decidí entonces que quedarme en casa con mi propio hijo era el camino por seguir. Lamentablemente, eso significa que mi esposo trabaja 80+ horas a la semana. Al principio, pensé que estaba siendo egoísta, pero mi esposo me explicó que era un sacrificio que todos estábamos haciendo por nuestro hijo."

—Brigitte, madre de un hijo de 2 años, y madre de tiempo completo

Has oído hablar de los planes de ahorro para la universidad, ¿pero deberías tener un plan de ahorro para el cuidado de los niños también? Según un informe de la mayor agencia de recursos y referencias de cuidado infantil, Cuidado Infantil Consciente de América (ChildCare Aware of America, childcareaware.org), el coste de la guardería en muchas ciudades puede superar la matrícula anual de una universidad estatal, por lo que muchos padres se preguntan si trabajar para pagar la guardería tiene sentido financiero. El uso de una estadística reciente del Departamento de Salud y Servicios Humanos de EE. UU. que indica que el 17 por ciento del presupuesto familiar se destina al cuidado y la educación de los niños es demasiado general para calcular con precisión cuánto se gastará en estos servicios. UU. que indica que el 17 por ciento del presupuesto familiar se destina a la atención y educación de los niños es demasiado general para calcular con precisión cuánto se pagará por estos servicios. El porcentaje que te corresponda dependerá de las opciones de cuidado diurno que elijas (que se tratan con más detalle en el capítulo 7) y de las opciones disponibles en tu zona.

¿Puedes permitirte el lujo de ser una madre o un padre de tiempo completo?

Tener una mamá o papá que se quede en casa es el máximo sueño de muchas familias y una posibilidad si pueden sobrevivir con un solo salario. Ahí, por desgracia, está el problema. La mayoría de las parejas de doble ingreso que trabajan a tiempo completo estarían encantadas de que una persona cambiara a un trabajo a tiempo parcial o renunciara a un trabajo, pero sienten que no pueden arreglárselas sin el ingreso adicional, ¿o sí? La verdad es que la mayoría de las parejas pueden, dependiendo de las decisiones financieras difíciles que estén dispuestas a tomar.

Para tener una idea de si podrás sobrevivir con un solo ingreso, haz los siguientes cálculos:

Toma el salario neto mensual ajustado de un solo asalariado*:	$ ______________
Resta el total de los gastos mensuales del hogar.:	- $ ______________
(Elimina cualquier costo mensual, como el estacionamiento, que esté asociado con el trabajo que planea eliminar).	- $ ______________
Total (cantidad encima o de bajo de tus ingresos mensuales):	$ ______________

Un número negativo indica la cantidad de gastos que debes recortar para alcanzar el punto de equilibrio con un solo sueldo. Un número positivo significa que tu familia podría sobrevivir con un solo ingreso, y podrás tener el lujo de ser uno de los padres que se quede en casa y proporciona cuidado infantil a tiempo completo.

**Habla con tu contador para ver si las tasas impositivas, los costos de seguro y otras deducciones de nómina se pueden modificar para aumentar el monto de tu salario neto mensual.*

Si ser o tener un padre de tiempo completo es tu objetivo, y tienes que recortar tus gastos para vivir de una sola fuente de ingresos, solo cortar un café con leche aquí y allá no es la mejor estrategia; enfócate en los dólares más grandes. Los elementos que se enumeran a continuación significan grandes ajustes en los gastos de un hogar. No te pongas nerviosa mientras haces este ejercicio. No estás haciendo un juramento de lo que vas a hacer, sino una mirada a lo que podrías hacer. Una vez que termines, mira hacia atrás a lo que te queda y pregúntate: ¿sería la vida tan mala con mucho menos?

Cambios propuestos	**¡Sí!**	**Cantidad ahorrada $**
¿Cancelar parte o todas tus suscripciones de transmisión (televisión, emisión en directo)?	______	____________
¿Cancelar otras suscripciones o licencias tecnológicas?	______	____________
¿Cambiar a un plan de celular más barato?	______	____________
¿Reducir las contribuciones a la cuenta de ahorros para la jubilación o para la universidad de los hijos?	______	____________

Cambios propuestos	**¡Sí!**	**Cantidad ahorrada $**
¿Renunciar o reducir en gran medida las comidas fuera con amigos?	______	____________
¿Cancelar la membresía del gimnasio o club, además de cualquier clase recreativa?	______	____________
¿Renunciar a todas las formas de juego?	______	____________
¿Cancelar o renunciar a unas vacaciones costosas?	______	____________
¿Reducir tu factura de comestibles a la mitad?	______	____________
¿Elimina la comida para llevar y prepara tu almuerzo para el trabajo?	______	____________
¿Compartir el coche o tomar el transporte público para ir al trabajo?	______	____________
¿Vender un segundo coche y arreglárselas con un solo vehículo?	______	____________
¿Cambiar tu automóvil por un modelo diferente que sea más barato y fácil de mantener?	______	____________
¿Refinanciar una hipoteca u otras deudas para hacer pagos mensuales más bajos?	______	____________
¿Hacer tu propia jardinería, limpieza de la casa o limpieza de la piscina?	______	____________
¿Modificar o reducir drásticamente la cantidad de seguro que tienes?	______	____________

Cambios propuestos	**¡Sí!**	**Cantidad ahorrada $**
¿Renunciar a comprar entradas para conciertos o eventos deportivos?	______	____________
¿Cortar cualquier compra relacionada con un pasatiempo (pesca, golf, manualidades, etc.)?	______	____________
¿Cambiar a un estilista más barato y dejar todos los tratamientos de belleza (manicura, depilación, coloración del cabello, bronceado, etc.)?	______	____________
Total, guardado	______	$ ____________

Tus ahorros totales deberían ser suficientes para eliminar cualquier gasto excesivo de tu presupuesto mensual. Con la supervisión adecuada de tus gastos y la voluntad de hacer algunos sacrificios, el lujo de elegir si ser una madre de tiempo completo podría convertirse en una opción.

¿Cómo compensarás a tu cuidador elegido?

Incluso una madre de tiempo completo necesita una mano amiga de vez en cuando. La forma en que planea compensar a un cuidador elegido, incluso si es solo a tiempo parcial, se extiende más allá del salario acordado. Al contratar a una niñera o au-pair (cubierto en el Capítulo 7), hay tarifas de agencia, impuestos sobre la nómina y costos de estipendio, además del salario de la persona.

Si un amigo o familiar tiene la intención de cuidar a tu hijo de manera gratuita, tenga en cuenta el tiempo y la distancia que recorre dejando y recogiendo a tu hijo a lo largo de varias zonas. Las siguientes preguntas te ayudarán a determinar el costo real de usar un cuidador mientras aclaras qué gastos aceptarás cubrir.

1. Si un amigo o familiar no te pide que le pagues por cuidar de tu hijo, ¿intentarías ofrecerle alguna otra forma de compensación por su tiempo y esfuerzo?
2. Si estás contratando a un cuidador de una agencia, ¿está al tanto de todas las tarifas administrativas y de solicitud adeudadas?
3. ¿Proporcionarás seguro o cualquier otro beneficio, como el pago de vacaciones?
4. ¿Pagarás extra por los días festivos o las horas extras?
5. ¿Qué consideras horas extras?
6. ¿Preferirías pagarle a tu cuidador "por debajo de la mesa"?
7. ¿Planearás darle a tu cuidador un bono de fin de año?
8. ¿Con qué frecuencia, si es que lo haces, esperarías darle un aumento de sueldo a tu cuidador?
9. ¿Proporcionarás un estipendio para cubrir los costos imprevistos mientras cuida a tu hijo?
10. ¿Deducirás los gastos de sus comidas del pago de tu cuidador?
11. ¿Le reembolsarás a tu cuidador los gastos de ocio, como llevar a tu hijo al cine o al zoológico?
12. Si tu cuidador rompe accidentalmente un electrodoméstico o un artículo valioso, ¿deducirías el coste de salario?

13. Si tu cuidador te dice que el vecino le paga más por hora, ¿le subirías el sueldo para que se quedara contigo o te quedarías con la tarifa más baja acordada?
14. ¿Le darías un adelanto de su salario a tu cuidador si te lo pidiera?
15. ¿Qué haría si sintieras que tu cuidador no vale su salario, pero es la única persona que puede contratar?

Con todas las quejas sobre el alto costo del cuidado infantil, puede ser una sorpresa ver que el informe del USDA *Gastos en niños por familias* (2011) encontró que "El cuidado y la educación infantil fue el único componente presupuestario para el que aproximadamente la mitad de los hogares no declararon ningún gasto". El estudio continúa explicando que cuanto más altos son los ingresos de una familia, más probable es que gasten dinero en el cuidado de los niños y más dispuestos a pagar por este servicio. En realidad, todos los padres pagan por la guardería de una forma u otra, incluso aquellos que reciben guardería gratuita de familiares o a través de un programa del gobierno. Hay costos de transporte, intercambios de regalos de cumpleaños y días festivos, u otros imprevistos que con frecuencia se pasan por alto al calcular los gastos totales de atención.

¿Cuánto costará enviar a tu hijo a la guardería?

Para los padres que eligen inscribir a sus hijos en un programa de cuidado diurno, la cantidad que pagan varía mucho según la ubicación. Si quieres tener una idea de lo que algunos padres pagan por la guardería diaria, la organización ChildCare Aware of America estima que las tarifas anuales pagadas por el cuidado de tiempo completo de un bebé en un hogar de cuidado infantil familiar oscilan entre $11,338 y $15,516 anuales. El cuidado a tiempo completo para un niño de cuatro años es ligeramente menor, dentro de un rango de $10,282 a $12,488*. Por supuesto, lo único que importa es cuanto realmente esperas pagar si decides inscribir a tu hijo en una guardería. Para averiguarlo, llama o haz una búsqueda rápida en la red y pregunta sobre las tarifas que se enumeran a continuación.

Calculadora de costos de guardería	**Costo $**
Admisión a la guardería	______
Atención fuera del horario de atención	______
Cuota de inscripción	______
Depósito	______
Cuota de la actividad	______
Cargo por pago atrasado	______
Dinero gastado para ayudar en la recaudación de fondos	______
Gastos por quedarte en casa cuando tu hijo está enfermo (pago a una niñera, pérdida de ingresos).	______
Miscelánea (transporte, suministros, imprevistos)	______
Gasto mensual promedio	**$** ______

También hay costos intangibles asociados con enviar a tu hijo a la guardería. A pesar de que algunos padres sufren una tormenta de culpa al tener que dejar a su hijo con individuos ajeno durante horas, otros consideran que es un alivio confortable y que vale la pena la inversión añadida. Son los factores emocionales, los que tiran de las cuerdas de tu corazón —la culpa, la alegría, la libertad, la tradición —, los que también deben ser considerados junto con los controlados por tu bolsillo.

¿Qué impacto tendrá la educación de tu hijo en tu billetera?

Los sistemas de escuelas públicas de primaria a secundaria en los EE. UU. gastaron un promedio de $ 15,500 por alumno en el año fiscal 2019 (Centro Nacional de Estadísticas de Educación, *nces.ed.gov* Oficina del Censo de EE. UU., 2012) para garantizar que tu hijo y el de todos los demás en los Estados Unidos crezcan sabiendo leer, escribir y hacer aritmética. Sin embargo, el dinero de tus impuestos no cubrirá todos los gastos de una educación pública gratuita. Los padres son responsables de los útiles escolares, incluidas las computadoras, el transporte o los uniformes, si la escuela lo requiere. Las escuelas privadas y los programas de educación en el hogar no reciben ayuda del gobierno, por lo que los padres son responsables de todos los costos relacionados con la educación de sus hijos. La elección de la escuela adecuada para tu hijo se trata con más detalle en el Capítulo 8, pero puedes tener una idea de cuánto dinero vas a distribuir, poniéndote en contacto con algunas escuelas primarias de tu zona y averiguando las respuestas a las siguientes preguntas:

1. ¿Proporciona la escuela una lista detallada de los gastos más allá de la matrícula que los padres pueden esperar pagar por año?

2. ¿Hay tarifas ocultas o "voluntarias" durante el año?
3. ¿Se espera que los padres paguen todos los gastos de las excursiones?
4. ¿Cuántos libros y útiles escolares se espera que los padres compren durante el año escolar?
5. ¿La escuela requiere que los padres compren uniformes?
6. ¿Los padres tienen que pagar una cuota para inscribir a su hijo en una actividad o programa extracurricular?
7. ¿Cuánto tiempo te gustaría dedicar a ayudar con proyectos grupales, excursiones o eventos especiales?
8. ¿Se espera que los padres contribuyan con tiempo o dinero durante las campañas de recaudación de fondos?
9. ¿Cuáles son las políticas de reembolso de la escuela si decides trasladar a tu hijo a una escuela diferente?
10. ¿La escuela ofrece ayuda financiera o hay becas disponibles a través de la escuela u otras organizaciones?
11. ¿Tendrás la oportunidad de unirte a una junta u organización que pueda influir en las decisiones financieras de la escuela?
12. ¿Está la escuela crónicamente subfinanciada, o se enfrenta a severos recortes presupuestarios que obligarán a los padres a tomar el relevo?

¿Compararás los costos entre diferentes escuelas?

Los padres que viven en ciudades más grandes o suburbios a menudo tienen la angustiosa tarea de elegir entre varias escuelas en su área. Si vas a elegir entre varios programas, o simplemente decidir entre enviar a tu hijo a una escuela pública o privada, completa la tabla comparativa que aparece a continuación. Al establecer las diferencias de costos entre los programas, puedes analizar mejor cuánto del presupuesto de tu familia estás dispuesta a dedicar a la educación de tu hijo.

Calculadora de costos escolares

Gastos anuales	**Escuela A**	**Escuela B**	**Escuela C**
Enseñanza			
Tasas de inscripción y solicitud			
Tasa de salud/seguridad			
Gastos del equipo deportivo			
Gastos extracurriculares del club			
Programa de comidas y meriendas			
Presupuesto de recaudación de fondos			
Gastos de uniformes			
Otros (tutores, cursos complementarios, etc.)			
Costos de transporte (gasolina, tarifas de autobús, kilometraje)			
Costo Anual Total			

¿Llevar a tu hijo de un lado a otro te llevará a endeudarte?

"De acuerdo con los datos federales disponibles más recientes, las mujeres en America, en general pasan 64 minutos por día en un automóvil. Las madres solteras pasan 75 minutos al día en el coche. Y las madres casadas con hijos en edad escolar pasan 66 minutos al día conduciendo, es decir, casi 17 días anuales en el automóvil."

—The National Transportation Policy Task Force y el Surface Transportation Policy Partnership de los Estados Unidos

Recoger, dejar, recoger, dejar, llenar el tanque y repetir. El Surface Transportation Policy Partnership (proyecto de política de transporte de superficie) determinó que las madres hacen un promedio de cinco viajes al día en comparación con el promedio nacional de cuatro, y las mujeres (en su mayoría madres) representan dos tercios de todos los viajes para; llevar a los niños a los partidos de fútbol o llevar a un padre mayor al médico, etc. Esto puede explicar por qué hay suficiente comida, revistas, botellas de agua, mantas, equipo deportivo y basura en un automóvil familiar para abastecer una expedición por todo el mundo. En los Estados Unidos, el tráfico de mamás representa el 60 por ciento de todo el transporte, y los costos de viaje representan el 14 por ciento del presupuesto anual del promedio familiar.

La siguiente tabla muestra un día hipotético promedio conduciendo con tu hijo en edad escolar. Si cree que tu rutina te hará acumular más kilómetros que un revisor de tren, le recomendamos explorar programas de viajes compartidos, el transporte público o limitar la cantidad de actividades extracurriculares en las que participa su hijo.

¿Cuánto vas a conducir en un día?

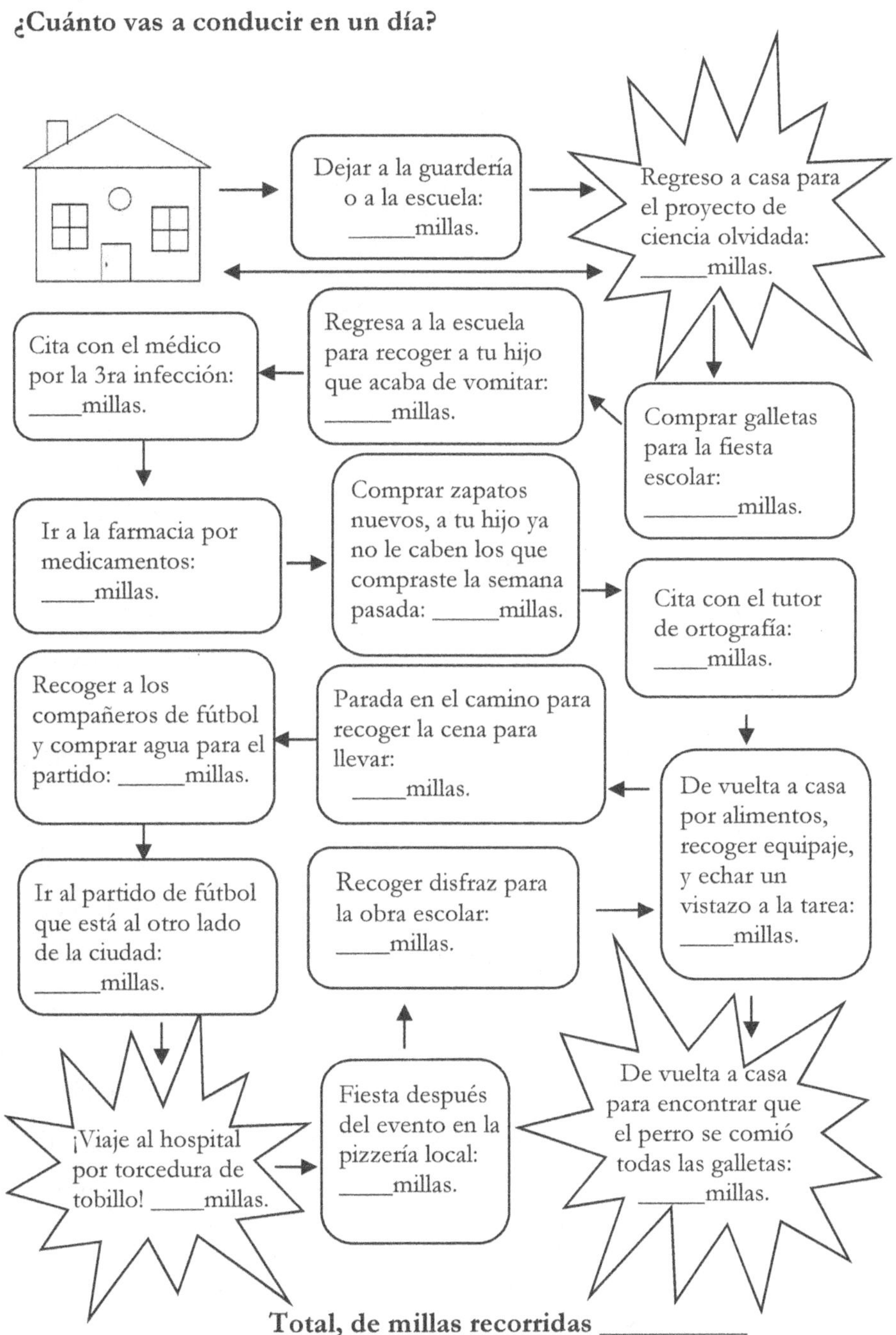

Total, de millas recorridas __________

¿Cuánto costará alimentar a tu familia en crecimiento?

"La familia estadounidense promedio de cuatro miembros (pareja casada con dos hijos) gastó aproximadamente $185 por semana en comida (fuera y en casa) en 2009. Este gasto no indica que se haya comprado una dieta nutritiva. Contrariamente a la opinión popular de que una dieta más saludable cuesta más, es posible que las personas coman de manera más saludable, con más verduras y frutas, y gasten menos en alimentos."

—USDA, Comer sano con un presupuesto ajustado,
Perspectiva de la Economía del Consumidor, 2009

¿Cuánto gastará en comestibles y en comer fuera de casa después de tener a tu bebé? Al principio, no mucho, si cuentas con amamantar a tu bebé. Pero ¿qué pasa si esta fuente natural y gratuita de alimentos no funciona, o si tu hijo tiene necesidades dietéticas que requieren fórmula comprada en la tienda? Alimentar a tu bebé con biberón podría agregar $80.00 al mes a tu factura de comestibles. Entonces, más rápido de lo que puedes decir "regurgitar", tu bebé se habrá graduado a alimentos sólidos y se transformará rápidamente en una máquina de comer las 24 horas del día. En promedio, una familia gastará el 16 por ciento de los gastos del hogar en alimentos, y la mayoría de los padres están convencidos de que todo el dinero se destina a leche, fruta y galletitas.

Sin embargo, son los hábitos alimenticios, y no la cantidad consumida, los que determinarán cuánto gastarás en alimentar a tu familia. El USDA sugiere los siguientes tres pasos: planificar, comprar y preparar (en casa) para mantener una dieta saludable con un ingreso modesto. Suena bien, pero cuando intentas coordinar almuerzos o cenas con las clases de natación, los ejercicios de ortografía y la lavandería, las opciones más realistas son pedir comida para llevar o encargar la entrega a domicilio.

Para ver si eres propenso a practicar hábitos alimenticios costosos, responde las siguientes preguntas:

1. ¿Comprarás comida preparada para bebés en lugar de hacerla tú misma?
2. ¿Sería imposible para ti dejar pasar una tienda de helados, un patio de comidas o un quiosco de café sin invitar a tu hijo a un gustito
3. ¿Tu lugar favorito para conocer a otras mamás será en los restaurantes de comida rápida con parques infantiles?
4. ¿Solo compras comida de tiendas que venden productos orgánicos o directamente de la granja?
5. ¿Comprarás estrictamente productos orgánicos en tiendas especializadas?
6. ¿Crees que los cupones y los programas de recompensas son más molestos de lo que valen?
7. ¿Podrías verte ignorando cualquier lista de compras o presupuesto que hayas creado para ayudar a ahorrar dinero?
8. ¿Crees que comprar alimentos básicos al por mayor y planificar las comidas en función de las ventas del supermercado es una pérdida de tiempo?
9. Cuando te vas de viaje familiar, a ver partidos, museos, o lo que sea, ¿prefieres comprar la comida y los snacks ahí mismo en vez de llevarte algo de casa?

10. ¿Te sentirás demasiado avergonzada de solicitar asistencia pública o comidas escolares gratuitas, incluso si cumples los requisitos?

Si la mayoría de tus respuestas son "sí", literalmente estás gastando más dólares de lo necesario. Si preparas y comes la mayoría de tus comidas y aperitivos en casa, no solo acostumbrarás el paladar de tu hijo a alimentos sin azúcar añadida, sal y aditivos impronunciables, que se encuentran en la mayoría de las comidas rápidas y precocinadas, sino que también le enseñarás que salir no significa automáticamente *salir a comer* fuera.

¿Cuántas cosas para bebés realmente necesitas comprar?

"¡Esa idea de que se puede ahorrar dinero usando productos de segunda mano era un mito! Tenemos una caja llena de botas de fútbol. Cada vez que uno de mis hijos necesitaba botas, le decía: 'Ve a la caja y toma un par'. Por supuesto, ninguno de ellos cavia bien, o era del tipo correcto. Así que íbamos a la tienda a comprar otro par de botas que se usarían tal vez durante una temporada y luego se tirarían en la caja con los otros."

—Scott es padre de una hija de 9 años y de dos hijos de 12 y 16 años

"Llegó un punto, en el que había demasiados juguetes. Admito que me pasé un poco de la raya. Por ejemplo, cuando uno de mis hijos mostró interés en un libro en particular, salí y compré toda la serie. Pero el día más feliz fue cuando regale todos los juguetes. Fue muy liberador. Ahora que mis hijos son mayores, los veo aprendiendo mientras forman relaciones. No lo hacían cuando eran más jóvenes, tal vez porque los juguetes eran una gran distracción."

—Tina, madre de cuatro niños de entre 4 y 14 años

No hay forma de evitarlo, los niños necesitan cosas y no hay escasez de libros y sitios web que ofrecen largas listas de artículos para bebés "imprescindibles". Si no tienes cuidado, la cantidad que gastas en cosas para bebés puede salirse de control. Un estudio reciente del Reino Unido descubrió que los futuros padres gastan cerca de £ 1,500 (aproximadamente $ 2,400) en productos de guardería y artículos esenciales *antes de* que nazcan sus bebés. Aumenta a esa cantidad aproximadamente $7,000 gastados antes del primer cumpleaños de un bebé.

Es difícil resistirse a los adorables atuendos y es fácil sentirse culpable por no comprar los juguetes adecuados, pensando que puede estar poniendo en peligro el desarrollo mental y social de tu hijo. La mayoría de los padres primerizos admiten, con el tiempo, que compraron más artículos de los necesarios para el bebé o que gastaron más de la cuenta, a pesar de sus intenciones de ser prácticos. Por tentador que sea añadir todo el catálogo de productos de Baby Einstein™ al carrito de la compra o gastar $1000 en un sistema de viaje, hazte la siguiente pregunta: ¿es necesario este artículo y se puede pedir prestado o comprar más barato?

¿Puedes comprar con éxito todo el equipo de bebé que necesitas con un presupuesto limitado?

Para ver si eres susceptible de caer en la trampa de los gastos excesivos, haz el siguiente cuestionario. Marca si crees que las afirmaciones son mitos o ideas genuinas para ahorrar dinero

	Verdadero	Falso
1. Es mejor abastecerse de ropa de bebé antes de que nazca tu hijo porque no tendrá tiempo para ir de compras.	__________	______
2. La ropa de las tiendas de consignación siempre está manchada o desgastada.	__________	______
3. Un buen par de zapatos es esencial para que los pies de un bebé crezcan adecuadamente.	__________	______
4. Es útil tener al menos un atuendo de bebé elegante a mano para eventos formales.	__________	______
5. Evita comprar pantalones largos hasta que tu bebé comience a gatear.	__________	______
6. Es mejor comprar ropa de una talla más grande, ya que tu bebé crecerá muy rápido.	__________	______
7. El costo de comprar y lavar pañales de tela anula cualquier ahorro obtenido al usar pañales desechables.	__________	______
8. Necesitas juguetes que desarrollen la inteligencia para estimular la mente de tu bebé.	__________	______
9. Comprar varios libros diferentes evitará que tu hijo se aburra de escuchar la misma historia repetidamente.	__________	______
10. Un móvil de cuna es necesario para desarrollar una fuerte coordinación de mano-ojo.	__________	______

	Verdadero	Falso
11. Vale la pena comprar un reproductor de música de "ruido blanco" para ayudar a calmar a un niño quisquilloso.	________	_____
12. Evita el uso de sillas de coche y cunas de segunda mano.	________	_____
13. Cualquier producto descrito como," todo en uno" te ahorrará dinero porque es multipropósito.	________	_____
14. Un calentador de toallitas húmedas para bebés, una unidad de eliminación de pañales y un monitor de video son esenciales para una guardería bien surtida.	________	_____
15. Es mejor esperar hasta después del *baby shower* para comprar ropa de bebé.	________	_____

Respuestas:

1. Falso. No sabrás cuánto mide tu hijo ni cuánto crecerá para justificar la compra de ropa de una talla en concreto.
2. Falso. Muchos de los artículos son nuevos y conservan sus etiquetas de precio originales.
3. Falso. Los bebés no necesitan zapatos, así que pasé de esta compra.
4. Falso. A menos que tengas una boda en las próximas semanas, es posible que el traje que guardaste para una ocasión especial se quede pequeño para tu bebé.
5. Verdadero. Los mamelucos y camisas largas con cordón son muy prácticos a la hora de cambiar los pañales. Cuando empiece a gatear,

elije pantalones con broches en la entrepierna y evita los vestidos que se enganchen por debajo de las rodillas.

6. Falso. Comprar una talla incorrecta no te ahorra dinero y puede resultar incómodo e incluso peligroso para tu bebé.
7. Falso, A menos que utilices un servicio de entrega costosa.
8. Falso. Las ollas, los tazones de plástico y las cajas de zapatos resultan tan estimulantes para un niño pequeño como un juguete caro a la hora de desarrollar el cerebro. Usa el dinero que ahorres para iniciar un plan de ahorros para la universidad.
9. Falso. Si, evitarás volverte loca leyendo la misma historia una y otra vez. Pero, a los niños les encanta con que les leas su libro favorito una y otra vez.
10. Falso. tu bebé tendrá mucha estimulación visual y muscular de otras fuentes.
11. Verdadero a veces. Esta táctica funciona con algunos bebés, con otros no tiene ningún efecto. No es necesario que compres un CD para averiguar si es adecuado para ti. Solo necesitas grabar el sonido de un lavaplatos o una secadora de ropa en funcionamiento y lo tocas cuando tu bebé esté inquieto. Si funciona, basta. Acabas de ahorrarte algo de dinero.
12. Verdadero. Aunque podrías ahorrar dinero usando la silla de seguridad de tu primo, es posible que no cumpla con los estándares actuales de seguridad. A menos que lo hayas comprado hace menos de dos años y esté en perfectas condiciones, cómpralo nuevo.
13. Falso. Es posible que estés pagando por funciones innecesarias o que descubras que te conviene más comprar artículos individuales para realizar las mismas tareas. Este tipo de artículos también pueden ser

grandes y engorrosos o requerir un uso tan corto que no justifique el gasto adicional.

14. Falso. Aunque es bueno tenerlos, no son esenciales. Una buena guía para seguir antes de comprar un artículo es preguntarse: ¿Mis abuelos se las arreglaron sin esto? Si la respuesta es sí, tú también puedes.
15. Verdadero. La generosidad de amigos y familiares puede que te permitan no tener que comprar ropa y otros artículos esenciales durante meses e incluso evitarte el gasto de artículos costosos. Si hay algo que no obtuviste en tu *baby shower*, siempre puedes comprarlo en línea y recibirlo después de que nazca tu bebé.

Si elegiste respuestas incorrectas más de dos veces, podrías correr el peligro de ser frívola con tus finanzas.

¿Qué información esencial debes saber sobre la cobertura de tu seguro médico?

"Costo esperado de la atención de maternidad sin seguro en los Estados Unidos; $2,000 para atención prenatal, $6,000-$8,000 para un parto de bajo riesgo en el hospital, y $10,000-$22,000 para un parto de alto riesgo o cesárea (American Pregnancy Association, 2011). Gastos de bolsillo típicos para la atención de maternidad con seguro: menos de $500 - $3,000". (CostHelper.com, 2013)

El seguro de salud es fundamental durante el embarazo. Saber que se tiene un seguro médico proporciona la tranquilidad de poder acceder a una atención prenatal integral. Los chequeos, las pruebas de detección y las pruebas periódicas no solo son esenciales, sino que también ayudan a mantener la salud tuya y de tu bebé durante este hermoso viaje.

Es fundamental que investigues a fondo los diversos planes de seguro disponibles. Las pólizas pueden variar mucho y el embarazo puede suponer un reto financiero, con numerosos gastos relacionados con las visitas al médico, el parto, etc. Aunque tener un seguro de salud ayuda a aliviar parte de esa carga, es importante saber qué no está cubierto en tu póliza. Lo más probable es que se excluyan los servicios electivos, como las ecografías en 3D, y también debes tener en cuenta la distancia a las clínicas, el aparcamiento y los copagos a la hora de hacer tu selección y crear tu presupuesto. Así evitarás gastos inesperados y podrás concentrarte en tu salud y la de tu bebé sin la preocupación constante de facturas inesperadas.

Recuerda también que tu viaje no termina con el parto. La atención posparto es igual de importante y, por lo general, tu seguro médico cubrirá los gastos médicos que necesites durante la crianza de tu hijo. Revisa tu póliza actual para ver qué porcentaje de los siguientes gastos comunes de maternidad están cubiertos en la tabla siguiente.

Cobertura de seguro	**100 % cubierto**	**Limitado Cobertura ($ o %)**	**No está cubierto**
Tu embarazo			
Transporte a las citas			
Vitaminas prenatales			
Libros y videos sobre el embarazo			
Clases de yoga para embarazadas			

Cobertura de seguro	**100 % cubierto**	**Limitado Cobertura ($ o %)**	**No está cubierto**
Cremas antiestrías			
Tratamientos holísticos contra las náuseas			
Imágenes o vídeos en 3D de la ecografía			
Acupuntura prenatal			
El Parto			
Contratar a una dula			
Contratar una madrona			
Entrenadora de trabajo de parto			
Sala de parto privada en el hospital			
Terapeuta posparto			
Cuidados posparto			
Circuncisión			
Borrado de marcas de nacimiento			
Fórmula para bebés			
Terapia de luz			
Sujetadores de lactancia			

Cobertura de seguro	**100 % cubierto**	**Limitado Cobertura ($ o %)**	**No está cubierto**
Especialista en lactancia			
Atención pediátrica			
Cuidados intensivos neonatales			
Tratamiento del autismo			
Fisioterapia para tu bebé			
Atención de enfermedades crónicas (diabetes, asma)			
Productos ortopédicos (aparatos ortopédicos para la pierna y la espalda)			

Capítulo 3

El embarazo

"Cuando estaba embarazada de mi primera hija, mi marido tuvo náuseas matutinas, ¡pero yo no! Tenía dolores de cabeza, náuseas y vomitaba por la mañana, algo muy inusual. Pensé que estaba enfermo y no hice la asociación hasta que me quedé embarazada por segunda vez y le pasó lo mismo.!"

—Rocío, madre de dos hijas, de 35 y 36 años, y cuatro hijos adoptivos, de 19 a 26 años

Agradece que los humanos no seamos elefantes. Nuestros embarazos suelen durar unas 38 semanas, mientras que los elefantes tienen que soportar 22 meses de antojos de cacahuetes (maní) y sensación de gordura. A pesar de que nuestra gestación es comparativamente corta, se escriben más libros y artículos sobre estos nueve meses que sobre los dieciocho años restantes de crianza humana. La siguiente sección explorará las opciones de las que podrás disponer durante el embarazo.

¿Qué tipo de proveedor de atención médica de maternidad debes elegir?

¿Debería elegir un obstetra, una doula, una partera o una enfermera? ¿Seguir con mi médico de siempre o buscar a alguien nuevo? Tener tu primer hijo es un gran paso que implica muchas citas y momentos íntimos. Sin duda, no querrás pasar los próximos nueve meses con alguien con quien no tienes química o en cuyas opiniones no confías. Las recomendaciones de amigos o una lista de nombres proporcionada por tu compañía de seguros pueden limitar la búsqueda, pero ¿cómo decides a quién elegir? Las siguientes preguntas te ayudarán a decidir qué tipo de profesional de la salud quieres que se convierta en tu confidente, instructor y supervisor durante tu increíble transformación vital.

¿Deberías seguir con tu médico principal o con un médico de cabecera?

1. ¿Prefieres trabajar con un médico al que conoces y al que has tratado durante años?
2. ¿Quieres un médico que también pueda actuar como pediátrico de tu hijo después del nacimiento?
3. ¿Te gustaría tener un médico integral que pueda manejar tu embarazo, exámenes ginecológicos y atención general?
4. ¿Estás segura de que tendrás un embarazo y un parto saludables y sin complicaciones?

¿Por qué elegir un obstetra/ginecólogo?

1. ¿Prefieres trabajar directamente con un médico que trabaja en un hospital?
2. ¿Es probable que tengas un embarazo de alto riesgo?
3. ¿Tu seguro solo cubre la atención de maternidad proporcionada por un obstetra o ginecólogo específico?
4. ¿Te sientes cómoda con la posibilidad de ser atendida por el asistente del cuidador elegido durante los procedimientos de rutina o durante el trabajo de parto?

Si respondió "sí" a todas las preguntas anteriores, un obstetra/ginecólogo puede ser la opción lógica para brindar atención durante tu embarazo y parto. A diferencia de las parteras y las doulas, los obstetras y los ginecólogos pueden recetar medicamentos y realizar cesáreas y otros procedimientos médicos avanzados.

¿Por qué elegir una matrona?

1. ¿Quieres dar a luz a tu bebé en casa?
2. ¿Es probable que tengas un embarazo con una intervención médica mínima?
3. ¿Prefieres una atención médica altamente personal?
4. ¿Estás buscando aumentar tus posibilidades de tener un parto vaginal?

Si has respondido "sí" a las preguntas anteriores, tal vez te gustaría tener una matrona como cuidadora principal o, además de tu médico. Hay varios tipos de parteras. Por ejemplo, una enfermera partera certificada (CNM, por sus siglas en inglés) es una enfermera con título universitario que ha recibido capacitación en partería, mientras que una partera profesional certificada (CPM, por sus siglas en inglés) no necesariamente tiene un título universitario, pero ha recibido una amplia capacitación en un programa de partería profesional. Algunas trabajan de forma independiente y otras junto a los médicos. Infórmate antes de concertar una entrevista. Infórmate sobre la normativa de tu municipio respecto a esta profesión y sobre cualquier restricción que pueda imponer tu seguro.

¿Por qué contratar a una doula?

1. ¿Buscas alguien que le brinde apoyo emocional y orientación desde el principio del embarazo hasta el día en que lleve a tu bebé a casa?
2. ¿Deseas trabajar con alguien que se especialice en un enfoque holístico para la gestión del dolor y el estrés?
3. ¿Es importante que trabajes con alguien que permanezca a tu lado, incluso si decides cambiar de médico o te derivan a varios especialistas?
4. ¿Estás buscando a alguien que te brinde apoyo práctico y emocional después del parto?

Si respondió "sí" a las preguntas anteriores, Una doula te brindará el cuidado y la atención adicionales que necesitas. A diferencia de los obstetras, los ginecólogos o las CNM, las doulas no pueden atender el parto, pero trabajarán con tu médico para garantizar tu bienestar.

¿Qué calificaciones deseas en tu cuidador?

El amor por un cuidador (o cuidadora) en particular es una cosa; la logística es otra. Por muy maravillosos que sean tus sentimientos hacia un médico en concreto, si ir a su consultorio supone una molestia o si su horario no se adapta al tuyo, es más probable que canceles citas o que acudas estresada y nerviosa, lo cual no es saludable durante el embarazo. Esto, junto con las preguntas siguientes, debe tenerse en cuenta al elegir a una obstetra, matrona, doula o enfermera de un centro de maternidad.

Consideraciones a la hora de elegir un cuidador de maternidad:

1. ¿Tiene experiencia en partos en el agua o en métodos alternativos de parto que son saludables?
2. ¿Tiene licencia para realizar partos a domicilio?
3. Además de encargarse del embarazo y el parto, ¿es también consultor de lactancia certificado?
4. ¿Cuándo empiezan y cuándo terminan los servicios del cuidador?
5. ¿Tiene permiso de trabajar en el centro donde planea dar a luz?
6. ¿Hará todo lo posible para asegurarte de tener un parto vaginal?
7. ¿No estará de vacaciones o de baja por maternidad en ningún momento del embarazo?
8. ¿Es miembro activo de alguna organización profesional como la Junta Americana de Obstetricia y Ginecología (ABOG*), la Alianza de Parteras de América del Norte (MANA*) o Doulas de América del Norte (DONA*)?
9. ¿Ha tenido alguna vez una discusión con un miembro del personal del hospital o con un paciente?
10. ¿Está especializado en tratamientos holísticos, además de en medicina tradicional?
11. ¿Quién cubrirá a tu médico si no está disponible cuando entres en trabajo de parto?

Consideraciones a la hora de elegir una pediatra

Al investigar y elegir a los profesionales sanitarios de la maternidad, también deberás seleccionar un pediatra para tu hijo. Muchos hospitales exigen que elijas a un médico de medicina pediátrica aprobado antes de dar a luz. Al igual que con tu cuidador de maternidad, elige con cuidado. Acudirás a bastantes citas, posiblemente tres o más en el primer mes después del parto, por lo que la facilidad para concertar citas es aún más importante. A continuación, se presentan algunos puntos a considerar al decidir cuál es el mejor pediatra para tú y tu bebé:

1. ¿Es tan popular el médico que es difícil concertar una cita?
2. ¿Con qué facilidad se puede reservar una cita para el día siguiente?
3. ¿El médico habla bien tu idioma o tiene un acento muy marcado que dificulta la comprensión?
4. ¿Ha sido puesto en libertad condicional por motivos médicos o multado por mala conducta?
5. ¿Solo trabaja en tu zona unos pocos días a la semana?
6. ¿Prefieres un médico especializado en la afección genética que podrías transmitirse a tu hijo?
7. ¿Cuánto tiempo dedica el médico a cada paciente?
8. ¿Tiene la oficina pediátrica una política de cancele tu cita si llegas tarde?
9. ¿Tiene la consulta pediátrica una política de cobro a los pacientes que cancelan sus citas a última hora?
10. ¿Serán muchas de las citas atendidas por un asistente o especialista en lugar del médico?

**Por sus siglas en inglés*

¿Qué tan de cerca controlarás tu dieta durante tu embarazo?

Quieres comer sano durante el embarazo, pero con toda la información contradictoria que hay, no tienes claro qué puedes comer. Si el sushi está prohibido, ¿qué comen las mujeres embarazadas en Japón? A continuación, se muestra una lista de alimentos y bebidas que se pueden consumir durante el embarazo. Seleccione la letra que indique el nivel de seguridad que le parece adecuado para cada alimento o bebida.

¿Es seguro?

S = ¡Sí! Totalmente seguro. **P** = Seguro en pequeñas cantidades.
N = No es seguro en absoluto.

perro caliente ____	pizza de pepperoni ____	bocadillo con brotes y verduras crudas ____
ensalada con atún rojo ____	ensalada César ____	ensalada con aderezo de queso azul ____
rosbif ____	jamón Ibérico ____	salchicha mortadela ____
salmón ahumado ____	ostras crudas ____	ceviche ____
huevos sobre fáciles ____	huevos benedictinos ____	huevo pochado ____
café descafeinado ____	capuchino ____	café con leche ____
cola dietética ____	batido dietético ____	bebida energética ____

¿Es seguro?

S = ¡Sí! Totalmente seguro. **P** = Seguro en pequeñas cantidades.
N = No es seguro en absoluto.

un martini en ocasiones especiales ___	una cerveza grande por semana ___	vaso de chupito de tequila al mes ___
té verde ___	chai ___	mate de manzanilla ___
zumo de manzana recién exprimido ___	leche cruda orgánica ___	jugo de pasto de trigo ___
helado casero ___	masa de galletas ___	mousse o merengues sin hornear ___

Respuestas: según la Asociación Americana de Salud del Embarazo, no se recomienda el consumo de ninguno de los anteriores porque contienen al menos uno de los siguientes componentes: conservantes como el nitrato de sodio (que se encuentra en las carnes frías y los alimentos ahumados), huevos crudos o poco cocidos, cafeína, alcohol, edulcorantes artificiales o alimentos con un alto riesgo de portar bacterias tóxicas que podrían causar enfermedades y complicaciones durante el embarazo. Revisa la lista anterior con tu profesional sanitario, que te indicará qué puedes comer o beber y qué debes evitar.

¿Vas a tomar algún medicamento o suplemento durante el embarazo?

A pesar de toda la belleza y la maravilla que promete el embarazo, la comodidad rara vez se menciona al mismo tiempo. La hinchazón, las hemorroides, la acidez estomacal, las varices, las náuseas y los cambios de humor son solo algunos de los síntomas molestos que pueden sufrir las futuras mamás. Si buscas alivio, puedes recurrir a la ayuda de medicamentos para aliviar el dolor. ¿Tu búsqueda de comodidad se producirá a expensas de la seguridad de tu bebé?

A continuación, se presentan varios remedios para dolencias comunes. Ingresa la letra apropiada para indicar qué tan segura crees que es cada opción durante el embarazo.

¿Es seguro?

Y = ¡Sí! Totalmente seguro. **P** = sano en pequeñas cantidades.

N = No es seguro en absoluto.

Síntomas	**Remedios**		
Dolores y molestias	salicilato o ácido acetilsalicílico (aspirina) ___	ibuprofeno (Advil) ___	acetaminofén (Tylenol) ___

¿Es seguro?

Y = ¡Sí! Totalmente seguro. **P** = sano en pequeñas cantidades.

N = No es seguro en absoluto.

Síntomas	Remedios		
Resfriado común	pseudoefedrina (común en descongestionantes)___	clorfeniramina (común para el resfriado) ___	ungüento de mentol
Alergias	fluconazol (Sudafed) ___	descongestionant es en aerosol nasal (Afrin, Nasonex) ___	lavado nasal con solución salina ___
Náuseas	dimenhidrinato (Dramamine) ___	subsalicila de bismuto (Pepto-Bismol) ___	ginger-ale ___
Acideces	bicarbonato de sodio (Alka-Seltzer) ___	hidróxido o carbonato de aluminio (Maalox, Mylanta) ___	carbonato de cálcio (Tums) ___
Hinchazón y gases	pastillas de carbón natural ___	pastillas anti-gas ___	té de menta ___
Estreñimiento	laxante ___	enema ___	pastillas de ciruelas, o fibra ___
Depresión	antidepresivos recetados ___	antidepresivos de venta libre ___	píldoras de aceite de pescado ___

¿Es seguro?

Y = ¡Sí! Totalmente seguro. **P** = sano en pequeñas cantidades.
N = No es seguro en absoluto.

Síntomas	**Remedios**		
Acné	Tetraciclina ácida ___	salicílico ___	peróxido de bencilo ___

Respuestas: en cada categoría de síntomas, los dos primeros remedios enumerados no se recomiendan durante el embarazo, pero la tercera opción se considera completamente segura. En cualquier caso, será tu medico quien decida qué puedes tomar para cada dolencia. Si no dispones de consejos profesionales y no estás segura de si debes tomar una pastilla o una copa de algo, sigue esta regla básica: en caso de duda, dejalo.

¿Es arriesgado lucir bella durante el embarazo?

¿Tienes miedo de que se sepa que no eres rubia natural? ¿El miedo a volver a tu color de cabello natural o a evitar posibles tratamientos de belleza que puedan afectar al embarazo te hace considerar aislarte por completo durante los próximos nueve meses? ¿Cuáles de los siguientes tratamientos de belleza son seguros durante el embarazo? Anota la letra que indique qué tan seguro es usar o haberse realizado cada tratamiento, producto o procedimiento durante el embarazo en la tabla siguiente.

¿Es seguro?

Y = ¡Sí! Totalmente seguro. **P** = sano en pequeñas cantidades.

N = No es seguro en absoluto.

permanente ____	plancha química ____	secador de cabello ____
tratamiento químico de brillo para el cabello ____	acondicionador profundo ____	tratamiento con aceite caliente ____
teñirse todo el cabello ____	añade de reflejos ____	enjuague con henna ____
cabina de bronceado ____	loción autobronceadora ____	maquillaje bronceador ____
bótox ____	dermoabrasión ____	facial de pepino ____
depilación láser ____	crema de depilación ____	depilarse con cera ____
uñas acrílicas completas ____	manicura, pedicura ____	pulido de uñas sin esmalte ____

¿Es seguro?

Y = ¡Sí! Totalmente seguro. **P** = sano en pequeñas cantidades.

N = No es seguro en absoluto.

envoltura corporal enzimática ____	masaje con aceite de hierbas ____	masaje para embarazadas ____
acupuntura ____	acupresión ____	masaje de pies ____

Respuestas: los artículos de las dos primeras columnas se consideran inseguros durante el embarazo debido a la exposición a productos químicos o humos tóxicos. El tercero ofrece alternativas más seguras. Antes de utilizar cualquier producto de belleza comprado en una tienda, lea cuidadosamente la etiqueta y consulte a tu médico para verificar que es seguro. Si en la etiqueta pone que no es adecuado durante el embarazo, no lo uses. Deja que el rubor de la emoción y la ilusión por dar a luz sea tu ayuda de belleza y olvídate del resto. Un bebé sano será tu recompensa por aguantar meses de cabello encrespado, raíces oscuras y uñas cortas.

¿Qué actividades debes evitar durante el embarazo?

El hecho de que estés embarazada no significa que tu casa se vaya a limpiar sola ni que debas encerrarte en tu habitación y evitar toda actividad física durante los próximos nueve meses. La vida sigue, y hay tareas que hacer y momentos de diversión que disfrutar. Incluso si la limpieza del hogar nunca ha sido tu prioridad, es posible que de repente sientas la necesidad de redecorar, limpiar y comprar. Ahora que tienes un bebé en camino, debes preguntarte si hay tareas que deban evitarse. ¿Deberías reformar la habitación para crear una guardería o basta con redecorarla? ¿Deberías apuntarte a una caminata en lugar de a un maratón? Responde al cuestionario de abajo seleccionando la letra que indica lo segura que consideras que es cada actividad para las mujeres embarazadas.

¿Es seguro?

Y = ¡Sí! Totalmente seguro. **M** = OK en pequeñas cantidades.

N = No es seguro en absoluto

usar limpiadores químicos domésticos	______	pintar la guardería	______	teñir telas o ropa	______
cambiar la caja de arena del gato	______	usar repelentes de insectos o pesticidas en aerosol	______	trasplante o fertilización de plantas	______
nadar en un océano, lago o río	______	sumergirse en una bañera de hidromasaje	______	tomar una larga bañera de burbujas	______
trotar	______	montar a caballo	______	ciclismo MTB o BMX	______
voltear el colchón	______	llevar comestibles pesados	______	moviendo muebles	______

Respuestas: ninguna de las actividades enumeradas anteriormente se recomienda para una mujer embarazada. Las dos primeras filas deben evitarse debido a la exposición a humos tóxicos o microorganismos que pueden llegar al sistema de una mujer embarazada y causar complicaciones. Del mismo modo, los microbios o productos químicos (jabones perfumados, contaminación) que se encuentran en los cuerpos de agua pueden representar un riesgo para un embarazo, al igual que las altas temperaturas del agua, lo que significa que los viajes a la sauna y las mantas eléctricas están prohibidos. En cuanto a las actividades físicas enumeradas en las dos últimas filas, cualquier esfuerzo que requiera levantar objetos pesados o someter al cuerpo a golpes o trotes constantes ejerce demasiada presión sobre el útero y los músculos circundantes y podría provocar un parto prematuro.

Si siente que no puede evitar realizar alguna de las actividades mencionadas anteriormente o entregar las tareas que implican el uso de productos químicos fuertes o compuestos orgánicos activos (siempre lea las etiquetas) a otra persona, tome todas las precauciones necesarias: use guantes, mascarilla y lávese bien las manos y la ropa después de entrar en contacto con productos peligrosos. Las actividades recreativas arriesgadas deberían ser más fáciles de restringir. Una siesta de una hora resulta más atractiva que una hora de trote cuando estás en el séptimo mes de embarazo y te sientes enorme. En cuanto a tu querido baño de burbujas nocturno, por el momento, mantén el agua tibia, no caliente, y no uses jabón de baño de burbujas.

¿Podrías tener un embarazo de alto riesgo?

"Tuve muchas complicaciones durante el embarazo. Tenía diabetes gestacional e hipertensión, aunque estaba sana. Seguí las indicaciones del médico al pie de la letra,

incluso cuando me dijo que tomarme una copa de vino me ayudaría a aliviar el estrés del bebé y me permitiría relajarme. Estuve en reposo en cama durante cuatro meses y solo me permitía un pedacito de fruta al día, ¡y eso me costó mucho! Pero lo que más me ayudó durante el embarazo fue la piscina. Mi médico de alto riesgo me la recomendó para aliviar la presión."

—Heather, madre de un niño de 7 años

En general, entre el 90 y el 95 por ciento de todos los embarazos progresan con normalidad y con buena salud, sin embargo, recientemente el número de embarazos de alto riesgo ha comenzado a aumentar. Este aumento se debe en parte a nuestro estilo de vida moderno, que implica un consumo de calorías superior al que nuestro cuerpo quema, y a la medicina moderna, que permite a las mujeres que de otro modo no podrían concebir o llevar un feto a término tener un hijo con la ayuda de productos farmacéuticos. Por fortuna, la mayoría de los embarazos de alto riesgo terminan en partos exitosos de bebés sanos, gracias al reconocimiento temprano de los factores de riesgo y al tratamiento adecuado. Si no estás segura de si tu embarazo entraña algún riesgo, responde a las siguientes preguntas:

¿Tienes sobrepeso?

1. ¿Tu IMC (índice de masa corporal) es superior a 25?

2. ¿Has tenido sobrepeso la mayor parte de tu vida o has aumentado mucho de peso en los últimos años?

3. ¿Existen antecedentes familiares de obesidad o hay algún miembro de tu familia inmediata con sobrepeso?

4. ¿Vas a intentar perder peso durante el embarazo?

5. ¿Te has sometido a una cirugía de bypass gástrico o estás actualmente en un programa de suplementos herbales para ayudarte a perder peso?

6. Además del sobrepeso, ¿tienes diabetes, presión arterial alta (hipertensión) u otras afecciones relacionadas con el sobrepeso?

7. Si no tiene las condiciones mencionadas anteriormente, ¿los miembros de tu familia inmediata sufren de alguna de estas condiciones?

Si has respondido "sí" a alguna de las preguntas anteriores, es posible que tengas un mayor riesgo de diabetes gestacional (y de sus complicaciones, como la preeclampsia), hipertensión gestacional, náuseas matutinas extremas y otras complicaciones. Tu obstetra o ginecólogo diseñará un programa que debes seguir para asegurarte de tener el embarazo más seguro posible.

*Pregúntale a tu médico o acuda a *cdc.gov/healthyweight/assessing/bmi/* para calcular tu IMC.

¿Eres fumadora?

1. ¿Has llegado a la conclusión de que no puedes dejar de fumar durante el embarazo?

2. ¿Crees que lo mejor que puedes hacer es reducir la cantidad de cigarrillos que fumas diariamente durante el embarazo?

3. ¿Crees que el estrés de dejar de fumar de golpe será peor que seguir fumando?

4. ¿Planeas utilizar parches o chicles de nicotina durante el embarazo para dejar de fumar?

5. Si dejas de fumar, ¿vas a estar cerca de otras fumadoras o te vas a exponer regularmente al humo de segunda mano?

6. ¿Estarás expuesta al humo de tercera mano (el olor y las cenizas que persisten en el automóvil, la habitación o la ropa de un fumador)?

Si has respondido "sí" a cualquiera de las preguntas anteriores, tienes un mayor riesgo de sufrir problemas de placentación, hipertensión gestacional o retraso del crecimiento fetal. Si no puedes dejar de fumar o evitar el humo de segunda mano, es importante que elijas un profesional sanitario al que puedas acudir fácilmente y que esté disponible, ya que deberás ser monitorizada de cerca durante el embarazo.

¿Tienes más de 35 años?

1. ¿Te has recuperado de un accidente grave que ocurrió cuando eras más joven?

2. ¿El trabajo u otras obligaciones o situaciones hacen que tu vida sea muy estresante?

3. ¿Han pasado más de cinco años desde tu último reconocimiento médico o ginecológico?

4. ¿Has tenido una o más enfermedades graves a lo largo de tu vida?

Si respondió "sí" a cualquiera de las preguntas anteriores, Estos factores, combinados con tu edad, pueden aumentar el riesgo de complicaciones como parto prematuro, problemas placentarios e incluso aborto espontáneo. Se recomienda encarecidamente que consulte a un especialista que trate embarazos geriátricos.

¿Tienes hipertensión o diabetes, o tienes antecedentes familiares con estas enfermedades?

1. ¿Tomarás medicamentos para controlar estas afecciones durante el embarazo?

2. ¿Han contribuido tus elecciones de estilo de vida a que desarrolles alguna de estas enfermedades?

3. ¿Tu propia madre o alguna de tus hermanas tuvo complicaciones durante el embarazo debido a alguna de estas condiciones?

4. A pesar de tener antecedentes familiares con estas enfermedades, ¿has podido evitar contraer alguna de estas enfermedades?

Si has respondido "sí" a cualquiera de las preguntas anteriores, Tienes un mayor riesgo de desarrollar diabetes gestacional e hipertensión, o de tener un feto de tamaño excesivo para un parto vaginal. Además de controlar el desarrollo saludable de tu feto, tu médico se asegurará de que cualquier tratamiento no ponga en riesgo tu salud durante la gestación.

¿Tienes más probabilidades que la media de contraer una infección viral o bacteriana?

1. ¿NO has sido vacunada contra el sarampión, las paperas y la varicela?

2. ¿Evitas recibir una vacuna anual contra la gripe?

3. ¿Trabajas en una guardería, un hospital o una clínica médica?

4. ¿Eres una ávida jardinera, granjera o vives con varios gatos u otros animales?

5. ¿Has tenido múltiples parejas sexuales?

Si has respondido "sí" a cualquiera de las preguntas anteriores, Es posible que te estés exponiendo a enfermedades infecciosas altamente contagiosas que pueden afectar al crecimiento de tu feto o provocar un parto prematuro. Si aún no estás embarazada, habla con tu médico sobre la posibilidad de recibir las vacunas necesarias o de tratar cualquier infección que ya tengas. Durante el embarazo, limita tu exposición a los elementos mencionados anteriormente y mantén unos hábitos estrictos de higiene personal.

¿Tienes bajo peso, una dieta deficiente, o estás recuperando de una enfermedad grave reciente?

1. ¿Te sientes débil o cansada con frecuencia, pero tienes dificultades para dormir bien por la noche?

2. ¿Tus encías son más blancas que rosadas o te han diagnosticado anemia alguna vez?

3. ¿Estás tomando medicamentos para después de la cirugía o para alguna afección crónica?

4. ¿Te estás recuperando de los efectos de la quimioterapia o de la cirugía de trasplante?

5. ¿Eres anoréxica o bulímica, o sigues una dieta radical para perder peso?

Si respondiste "sí" a cualquiera de las preguntas anteriores, Tu bebé puede estar en riesgo de sufrir un crecimiento lento o inadecuado en el útero o de nacer prematuramente. Una mala alimentación también puede debilitar tu sistema inmunológico, por lo que tanto tú como tu bebé seréis más propensos a sufrir infecciones peligrosas. Pregúntale a tu obstetra o ginecólogo si cree que sería beneficioso derivarte a una nutricionista.

¿Te has sometido recientemente a una cirugía ginecológica o a un aborto antes de quedarte embarazada?

1. ¿Te has sometido alguna vez a un procedimiento de extirpación electroquirúrgica con asa (LEEP)?

2. ¿Alguna vez has recibido tratamiento para un embarazo ectópico?

3. ¿Has tenido un aborto quirúrgico recientemente?

Si has respondido "sí" a alguna de las preguntas anteriores, Es posible que el tratamiento recibido conlleve riesgos durante el embarazo. Lo mejor es que tu obstetra o ginecólogo cuente con la mayor cantidad posible de información sobre tu tratamiento, incluida la información de contacto de las personas que te atendieron, para que puedan adoptar las medidas más adecuadas para gestionar tu embarazo.

¿Qué pasaría si descubrieras que estás embarazada de gemelos?

Considerado automáticamente un embarazo de "alto riesgo", descubrir que vas a tener no uno, sino dos (¡o más!) bebés dentro de tu útero es una experiencia emocionante y aterradora a la vez. Para disipar mitos y comprender mejor en qué se diferencia un embarazo múltiple de uno de un solo feto, responde al pequeño cuestionario que encontrarás a continuación. Seleccione las afirmaciones verdaderas y falsas sobre embarazos múltiples.

	Verdadero	**Falso**
La mayoría de los embarazos múltiples no llegan a las 40 semanas completas.	________	________
Las embarazadas con múltiples necesitan aumentar de peso más rápidamente que las embarazadas con un solo bebé.	________	________

	Verdadero	Falso
El rango de peso para reducir el número de complicaciones es menor que en un embarazo único.	________	________
Lo más importante es cuánto peso aumentas durante las primeras 28 semanas de embarazo.	________	________
Es más fácil aumentar de peso al principio del embarazo que más tarde, cuando los bebés son más grandes y tienden a empujar contra el estómago.	________	________
Si estás embarazada de gemelos, tu médico puede sugerirle que coma cada tres o cuatro horas, y cada dos horas si espera trillizos o más, aunque no tenga hambre.	________	________
Durante un embarazo múltiple, se pueden consumir alimentos grasos, como batidos, sándwiches de queso a la parrilla y yogur helado.	________	________
No beber suficiente agua durante un embarazo múltiple puede provocar un parto prematuro.	________	________
Las mujeres embarazadas con embarazos múltiples tienen entre dos y tres veces más probabilidades de desarrollar diabetes gestacional que las que esperan un bebé único.	________	________

	Verdadero	**Falso**
Las mujeres embarazadas con embarazos múltiples pueden necesitar más ácido fólico del que contiene una vitamina prenatal de venta libre.	__________	__________

Respuestas: todas las anteriores son correctas. Las madres con embarazos múltiples también pueden comer más y aumentar más de peso. Por otro lado, suelen sufrir náuseas matutinas más intensas y deben acudir al médico con más frecuencia. Muchos obstetras y ginecólogos derivan a las pacientes con embarazos múltiples a especialistas en embarazos de alto riesgo, que tienen más experiencia en las condiciones médicas y los matices involucrados.

Lista de verificación del kit de supervivencia durante el embarazo

- ☐ Bola de embarazo/parto
- ☐ Bocadillos, té o pulsera contra las náuseas
- ☐ Almohada corporal
- ☐ Ropa interior que sujeta el vientre y la espalda
- ☐ Crema antiestrías
- ☐ Pantalón premamá
- ☐ Zapatos planos cómodos sin cordones
- ☐ Video, libro o aplicación con posturas de yoga seguras para el embarazo
- ☐ Diario para documentar los cambios físicos y emocionales

Capítulo 4

El parto

"Durante mi primer parto, mi médico programó que me indujeran el parto, ya que mostraba signos de preeclampsia durante una cita semanal. Como era mi primer hijo, no tenía ni idea de lo que me esperaba. Mi trabajo de parto duró unas 16 horas. Estaba esperando que el dolor de las contracciones no me deje dormir, pero no fue así. Mi hija se adelantó tres semanas y salió con cuatro libras y ocho onzas. Estaba sana, sin ninguna complicación. Mi segundo hijo fue un parto fácil. Llegué a experimentar dolores fuertes de parto y los tuve en tres horas. Pesaba seis libras y siete onzas, ¡La experiencia fue tan diferente que la primera vez!"

—Coleen, madre de dos hijas de 3 y 8 años

Con todas las historias de terror laboral que cuentan las futuras madres, no es de extrañar que algunas se aterroricen al llegar al final del embarazo. Este miedo es muy común y tiene su propio nombre: tocofobia.

¿Qué puedes esperar durante tul parto?

El dolor insoportable no es la única preocupación, también lo son dejar una caca en la mesa de parto o convertirse en una gritona incontrolable. Al parecer, es más fácil superar una episiotomía que la vergüenza. Informarse sobre los detalles del parto es una forma de vencer el miedo. Elija la mejor respuesta a las preguntas que aparecen a continuación y compruebe cuánto sabe sobre los aspectos básicos del parto.

Cuestionario del parto

1. ¿Cuáles son las tres etapas del parto?
    a) Dilatación del cuello del útero, nacimiento del bebé y expulsión de la placenta.
    b) Calambres, empujones y gritos.
2. ¿Cuánto dura la Etapa 1?
    a) Desde unas pocas horas hasta unos pocos días.
    b) Se acaba entre 30 y 60 segundos.
3. ¿Cuánto dura la Etapa 2?
    a) Hasta ocho horas.
    b) Hasta ocho minutos.
4. ¿Cuánto dura la Etapa 3?
    a) De unos minutos a unas horas.
    b) Normalmente termina al segundo empujón.
5. ¿Cuáles son algunas técnicas que ayudan a aliviar los dolores del parto?
    a) Sentarse en agua tibia, acostarse de lado, hacer ejercicios de respiración, escuchar música relajante.
    b) No hay nada que pueda mitigar el dolor insoportable que sentirás.
6. ¿Qué es la fase de "transición" del parto y por qué se considera el momento más difícil durante el trabajo de parto?
    a) Se trata del tiempo que transcurre entre la fase 1 y la 2, cuando las contracciones son más fuertes y las mujeres a menudo se sienten irritables, con náuseas y al límite de su aguante.
    b) Es justo después del parto cuando las mujeres se sienten más fatigadas.

7. ¿Cuánto tiempo después de comenzar a sentir contracciones debes ingresar a tu centro de maternidad?
   a) Cuando las contracciones están separadas por cerca de cinco minutos y duran alrededor de 30 segundos.
   b) Inmediatamente después de sentir la primera contracción.
8. ¿La rotura de la bolsa puede producirse antes o después de que comiencen las contracciones del parto?
   a) El saco amniótico podría desgarrarse antes, durante o después de que comiencen las contracciones, o no hasta que el médico lo rompa.
   b) El saco amniótico siempre se romperá justo antes de que comiencen las contracciones.
9. ¿Qué son las contracciones de Braxton Hicks?
   a) Contracciones de parto falsas que ayudan al cuerpo a prepararse para el trabajo de parto real.
   b) Contracciones que duran más de lo normal.
10. ¿Qué es una puntuación de Bishop y para qué sirve?
    a) Es un examen vaginal de cinco puntos para determinar si será necesario inducir el trabajo de parto.
    b) Es un examen de la temperatura corporal de la madre para determinar el riesgo de sobrecalentamiento durante el trabajo de parto.
11. ¿Qué es un tapón mucoso?
    a) Formación de moco en la entrada del cuello uterino que puede salir horas, días o semanas antes del parto.
    b) La acumulación excesiva de moco obstruye la nariz de la mujer durante el parto, dificultándole la respiración.

12. ¿Cuánto tiempo después de la fecha de parto se le podría permitir esperar antes de inducirle el parto?
    a) Hasta dos semanas.
    b) Solo uno o dos días.
13. ¿Qué es una posición podálica?
    a) Cuando el bebé está en una posición de cola o pies primero antes del parto.
    b) Cuando un bebé está en posición horizontal en el útero.
14. ¿Qué puede hacer para reducir la probabilidad de tener un parto por cesárea no deseado?
    a) Elija un proveedor y un centro de atención médica con una tasa baja de cesáreas y tome clases de preparación para el parto.
    b) Entierra un diente de ajo entero debajo de un pino durante la luna llena.

La respuesta correcta a todas las preguntas es la opción "a". Si has elegido la opción "b" para la mayoría de las preguntas, necesitarás más que este libro para aclarar los hechos. Al hacer tu investigación, consulta solo sitios web de lugares de confianza., como el de la Asociación Estadounidense del Embarazo (americanpregnancy.org) o el del Departamento de Salud y Servicios Humanos de EE. UU. La desinformación en internet es desenfrenada y podría alimentar tus miedos y conceptos erróneos sobre el trabajo de parto y el parto. Tu médico o un profesional sanitario de confianza también puede proporcionarte una lista de sitios web, vídeos y otras fuentes de información fiables y precisas.

¿Dónde deberías dar luz a tu bebé?

No todos los bebés nacen en hospitales, ni en la parte trasera de los taxis ni en oficinas elegantes, como quiere hacer creer Hollywood. Aunque la mayoría de los bebés nacen en hospitales, cada año miles de mujeres eligen dar a luz en casa o en centros de parto. Si puedes elegir dónde dar a luz (en lugar de que te lo imponga el destino o tu compañía de seguros), debes tener en cuenta factores como el coste, la conveniencia, la comodidad y los servicios especiales. Las preguntas detalladas a continuación pueden ayudarte a decidir.

1. ¿Tiene el centro una tasa más alta que la media de partos con complicaciones?

2. ¿Ofrece el centro atención neonatal básica (nivel 1), intermedia (nivel 2) o avanzada (nivel 3)?

3. ¿Te trasladarán a otro hospital si tienes complicaciones durante el parto o si tu bebé necesita cuidados intensivos?

4. ¿Cuántas enfermeras o asistentes se asignan a una mujer embarazada durante el parto?

5. ¿La trasladarán a diferentes habitaciones durante las distintas fases del parto?

6. ¿Compartirás la sala de partos con otras mujeres? Si es así, ¿cuántas habrá y se permitirá la entrada a familiares?

7. ¿Permite el centro que los familiares asistan al parto? Si es así, ¿cuántos pueden estar presentes en la habitación?

8. ¿El centro permite realizar grabaciones de vídeo durante el parto?

9. ¿Ofrece el centro diferentes métodos de parto, como partos en el agua (en una bañera con agua tibia) o partos al estilo Leboyer (en una habitación oscura y silenciosa)?

10. ¿Van a realizar reformas importantes en el centro cerca de la fecha de tu parto que podrían hacer que escaseasen las habitaciones o limitar el acceso a la tienda de bocadillos u otros servicios?

11. Si tienes pensado viajar cerca de la fecha prevista, ¿conoces la ubicación de hospitales cercanos que tengan servicio de obstetricia? (No todos los hospitales lo tienen).

12. ¿Cuánto, en promedio, se da de alta a las mujeres de la clínica y se las envía a casa después de dar a luz?

13. ¿Cuáles son los horarios de visita y cuál es la política del centro con respecto al número de visitantes, regalos o alimentos que se pueden llevar al centro?

14. ¿El centro cuenta con personal específicamente formado o con experiencia en partos gemelares o múltiples?

15. Si estás pensando en tener al bebé en casa, ¿tu casa está lista para garantizar la seguridad del parto y está cerca de un hospital por si las cosas se complican?

¿Tiene algún amigo o familiar que la ayude durante el parto?

Tú y tu pareja forman un gran equipo y pueden mover montañas, pero ¿él será tu roca en el momento del parto? Es bonito querer compartir el milagro del parto con tus seres queridos, pero ¿no se interpondrán y causarán problemas al personal médico? ¿Podría tu mejor amigo decepcionarte en la sala de partos?

Hay muchos cuentos de parejas que se desmayan, que hacen tropezar a las enfermeras o que se muestran beligerantes. Antes de elegir a la persona que te acompañará en el parto, debes tener en cuenta lo siguiente: La seguridad debe ser la prioridad a la hora de decidir quién estará en la sala de partos. Cuando estés pensando en alguien para que sea tu compañero de parto, ten en cuenta lo siguiente y reflexiona sobre si está preparado para las exigencias de este papel.

1. ¿Es más importante que la persona que te acompañe al parto sea un familiar en lugar de un amigo?

2. ¿Hay alguien que haya mostrado un gran interés en ser tu compañera de parto o estás pensando en preguntarle a alguien que nunca ha mencionado el tema?

3. ¿Quieres que tu compañero de parto te acompañe a las citas prenatales o a las clases de Lamaze?

4. ¿Tienes un plan B si tu pareja elegida no puede estar contigo cuando comience el trabajo de parto? ¿Recibirá la persona alternativa la misma formación que tu pareja principal?

5. ¿Dejarías que tu pareja de parto te ayudara a dar a luz si tiene una enfermedad contagiosa, como un resfriado?

6. ¿Puedes contar con que tu compañero de parto elegido estará disponible en cualquier momento, incluso si entras en trabajo de parto en mitad de la noche o lejos de casa?

7. ¿Qué harías si tu pareja se desmayara al verte dar a luz?

8. ¿Prefieres no tener un acompañante en el parto y que te atiendan solo profesionales sanitarios?

9. ¿Te gustaría tener un equipo en lugar de una sola persona de apoyo para el parto?

10. ¿Cómo te asegurarás de que no haya enfrentamientos entre tu ayudante y los médicos durante el parto?

Hay mujeres que quieren compartir la experiencia del parto, con fluidos corporales incluidos, con sus seres queridos, pero otras encuentran horrible la idea de jadear, empujar y gritar completamente desnudas frente a una audiencia. La elección del acompañante para el parto, al igual que muchas otras decisiones durante el embarazo, es muy personal. Elige a una persona que quiera estar allí tanto como tú quieres que esté a tu lado. Si crees que la naturaleza gráfica del parto puede resultar demasiado para algunas personas, limita tu asistencia a las primeras etapas del parto. El nacimiento de tu primer hijo no es un momento para ser excesivamente diplomática. Haz lo que mejor te parezca, aunque eso pueda herir los sentimientos de alguien.

¿Cuáles son tus opciones de parto médico?

Después de un atracón hormonal por los pepinillos y helado, una noche tienes un sueño de lo más loco. Estás en el hospital. Las contracciones se producen con minutos de diferencia y van aumentando de intensidad. Ha llegado el momento de dar luz. Una enfermera entra en tu habitación con un artilugio que solo has visto en películas de ciencia ficción. Momentos después, aparece otro aparato de alta tecnología que, al igual que el primero, se supone que os vigila a ti y al bebé. Una segunda enfermera te entrega un menú con epidural, oxitocina y episiotomía escrito en letra de imprenta bajo el título "aperitivos". Te despiertas con la cabeza dando vueltas. ¿Te imaginas estar rodeada de dispositivos de calidad de un proyecto de la NASA y tener que tomar decisiones médicas mientras estás de parto, cuando lo único en lo que puedes pensar es en si debes empujar o no?

"No existe un parto totalmente natural. Si vas a dar a luz en un hospital, siempre se utilizará algún tipo de tecnología durante el proceso, pero eso es positivo", afirma Ana Lopes, médica y madre de dos hijos. "Es por tu seguridad y la de tu bebé."

Ya prefieras dar a luz con ayuda de instrumentos un poco más avanzados que una cuerda de zapato, algunas toallas y agua hirviendo o te sientas más segura con una habitación llena de máquinas de alta tecnología, infórmate sobre las diversas pruebas, tratamientos y tecnología que estarán a tu disposición. A continuación, se muestran algunos de los más comunes. Habla con tu médico sobre los beneficios, los riesgos y la necesidad de cada uno para informarte sobre cuándo y por qué se utilizarán durante tu atención durante el parto.

¿Se utilizará lo siguiente durante y después del parto?	**Sí** He solicitado esta opción	**No** Solo usaré esta opción si es absolutamente necesario
Monitorización fetal y uterina		
Doppler fetal externo: máquina de ultrasonidos portátil que se utiliza para medir los latidos del corazón del feto.		
TOCO: instrumento que se utiliza externamente para medir las contracciones uterinas.		
Perfil biofísico (BPP): mide la frecuencia cardíaca, el tono muscular, el movimiento y la respiración de su bebé, así como la cantidad de amniótico.		

¿Se utilizará lo siguiente durante y después del parto?	**Sí** He solicitado esta opción	**No** Solo usaré esta opción si es absolutamente necesario
Catéter de presión intrauterina (IUPC, por sus siglas en inglés): tubo pequeño y flexible que se introduce en el útero para medir las contracciones.		
Electrodos para el cuero cabelludo fetal (FSE, por sus siglas en inglés): pequeños electrodos que se colocan directamente en la cabeza del bebé para controlar los latidos del corazón durante el trabajo de parto.		
Manejo del dolor		
Epidural: inyección de analgésicos con un catéter cerca de la médula espinal inferior.		
Anestesia espinal: se inyecta anestésico en la médula espinal inferior.		

¿Se utilizará lo siguiente durante y después del parto?	**Sí** He solicitado esta opción	**No** Solo usaré esta opción si es absolutamente necesario
Pápulas estériles. Inyección de agua tibia debajo de la piel de la parte baja de la espalda para controlar el dolor.		
Administración de opiáceos en la primera fase del parto: analgésicos como Demerol, morfina o Stadol, administrados por vía intravenosa o inyectable.		
Acupuntura o acupresión: Inserción de pequeñas agujas o la aplicación de presión en puntos específicos del cuerpo para aliviar el dolor.		
Inducción al trabajo de parto		
AROM (Ruptura Artificial de Membrana): El médico desgarrar el saco amniótico o "romper la fuente" para inducir o ayudar en el parto.		

¿Se utilizará lo siguiente durante y después del parto?	**Sí** He solicitado esta opción	**No** Solo usaré esta opción si es absolutamente necesario
Barrido de membranas: El médico separa las membranas del cuello uterino con un dedo para inducir el parto.		
Inducción química del trabajo de parto (medicamentos como oxitocina, prostaglandina) administrada por vía intravenosa, inyección o colocación directa en el cuello uterino).		
Asistencia en el parto vaginal		
Episiotomía: corte quirúrgico hecho para agrandar la abertura vaginal.		
Hidratación intravenosa (sin fármacos)		
Masaje de estiramiento vaginal		
Plan de parto de nalga		
Preferible el parto vaginal		
Preferencia por parto por cesárea		

¿Se utilizará lo siguiente durante y después del parto?	**Sí** He solicitado esta opción	**No** Solo usaré esta opción si es absolutamente necesario
Solicitudes posparto		
Almacenamiento de sangre de cordón umbilical		
Guardar la placenta (si el centro lo permite)		
Vacunas electivas para los recién nacidos (algunas vacunas son obligatorias por ley)		
Circuncisión para tu recién nacido si es varón		

¿Deberías crear un plan de cesárea?

En una palabra, "sí". Se ha escrito mucho sobre la creciente frecuencia de los partos por cesárea. Casi un tercio de todos los bebés nacen mediante este procedimiento. Por eso debes estar preparado. El aumento de los partos quirúrgicos se debe a que hay más mujeres con partos múltiples, de más de 35 años o con problemas de salud durante el embarazo. Aunque se ha sugerido que los médicos y las mujeres embarazadas optan por la cesárea por conveniencia, la mayoría de los médicos y hospitales solo la realizan si es médicamente necesaria.

Independientemente de si decide programar una cesárea con antelación o si se somete a ella de forma inesperada durante el parto debido a complicaciones, es mejor que conozca los hechos sobre las cesáreas antes de la fecha de parto.

¿Son verdaderos o falsos los siguientes datos sobre los procedimientos de cesárea?

	Verdadero	**Falso**
Las razones más comunes para programar una cesárea son: el estado de salud de la madre, un feto de gran tamaño o un parto múltiple.	________	______
Las razones más comunes para una cesárea de emergencia son: sufrimiento fetal durante el parto, desprendimiento de placenta antes del parto y posición peligrosa del feto o del cordón umbilical.	________	______
En el caso de una cesárea, el cierre de las incisiones lleva más tiempo que el parto del bebé.	________	______
Existen diferentes tipos de incisiones que se pueden utilizar en una cesárea, cada una con sus propias ventajas y desventajas.	________	______
Tener una cesárea implica los mismos riesgos de infección, formación de coágulos de sangre y daños en los órganos que conllevan otros tipos de cirugía abdominal.	________	______

	Verdadero	**Falso**
Una vez que una mujer ha tenido una cesárea, es posible que pueda dar a luz a futuros hijos por vía vaginal.	______	______
Para preparar a la paciente para la intervención, se le inserta una vía intravenosa para administrarle un sedante y se le coloca un catéter para que pueda orinar durante y después de la cirugía.	______	______
Las mujeres que se someten a una cesárea pueden optar por permanecer despiertas y observar el procedimiento.	______	______
El tiempo de recuperación de una cesárea es varios días más largo que el de un parto vaginal.	______	______
Los beneficios químicos y físicos únicos que se obtienen al pasar por el canal de parto no se reciben si el bebé nace por cesárea.	______	______

Todos los hechos anteriores son ciertos. Aunque las cesáreas son muy comunes, siguen siendo intervenciones con los mismos riesgos que cualquier procedimiento de cirugía. Habla con tu médico sobre los detalles de este tipo de parto y todas las opciones disponibles. Ten claro el riesgo que estás dispuesta a asumir si eliges una cesárea programada o si intentas evitarla para tener un parto vaginal.

¿Qué debes hacer si tu bebé tiene que quedarse en el hospital?

"Mi bebé nació a las 22 semanas debido a una emergencia médica. Me dijeron que solo tenía un 10 por ciento de posibilidades de sobrevivir. Llamé a mi pastor para bautizar a mi hija. A pesar de todo, estaba muy tranquila. Pensé que, pase lo que pase, quería saber que había hecho todo lo posible por mi hija. Hablé con un familiar y le conté la noticia. Me dijo: 'Deja tus emociones en la puerta antes de entrar al hospital. ¡No puedes dejar que sienta tu tristeza, solo tu fuerza!'"

"Cuando nació mi bebé, tenía los dedos palmeados y los ojos cerrados. Fue increíble verla desarrollarse fuera del vientre materno. Nació el 21 de diciembre. Cuatro cirugías y más de cuatro meses después, el 21 de abril salimos por fin del hospital. Hoy es una niña normal y saludable de 8 años y medio."

—Lenice, madre de una niña de 8 años y medio

Los bebés pueden sentir tus emociones mientras están en la UCIN, por lo que tu actitud es fundamental para su recuperación. Según el Dr. Casey M. Calkins, autor del libro Fetal Surgery: Mother-Fetal Intervention (Cirugía fetal: intervención materno-fetal), asesorar a los padres es casi tan importante como los propios procedimientos. En momentos de crisis, un niño necesita un padre que pueda ponerse en pie con confianza y ofrecerle un apoyo positivo y afectuoso, aunque tenga la sensación de que su mundo se está desmoronando en un aluvión de lágrimas.

Para afrontar con éxito el entorno desconocido y agitado de la unidad de cuidados intensivos neonatales (UCIN) de un hospital, es fundamental recopilar información importante. A medida que se acerca la fecha de parto, visite el servicio de UCIN para familiarizarse con el personal y el equipamiento del área.

Puede ampliar sus conocimientos haciéndole a un supervisor las siguientes preguntas:

1. ¿Cuál es el horario de visita de la instalación para padres e invitados?
2. ¿Con qué frecuencia recibirás información actualizada sobre el estado de tu bebé?
3. Si te resulta difícil viajar de ida y vuelta desde el hospital, ¿puedes encontrar alojamiento cerca?
4. ¿Existe alguna organización que ayude a las familias a encontrar alojamiento y apoyo mientras tu bebé está en la UCIN?
5. ¿Un equipo de médicos y personal separado trabaja con los bebés en la UCIN o tu propio médico les atenderá?
6. ¿El centro cuenta con personal de apoyo para los padres?
7. ¿Quién será tu persona de contacto principal si tienes preguntas sobre la salud de tu bebé?
8. ¿El hospital proporciona literatura sobre la afección de tu bebé o una guía sobre todo el equipamiento de la sala de la UCIN?
9. ¿La UCIN anima a los padres a mantener al bebé cerca del cuerpo, como en el método canguro?
10. Si no te gusta algún miembro del personal, ¿te proporcionarán rápidamente un sustituto?

Descubrir que tu hijo tiene que pasar una o más noches en el hospital es difícil de escuchar, pero no necesariamente es una mala noticia. Alrededor del 15 por ciento de todos los bebés nacidos pasan tiempo en la Unidad de Cuidados Intensivos Neonatales (UCIN) de un hospital, la mayoría debido a su bajo peso al nacer y no a que padezcan una enfermedad incurable o potencialmente mortal. Entre el 30 y el 35 por ciento de los bebés permanecen menos de cuatro días.

¿Qué harás si ocurre lo peor?

Nadie quiere pensar, y mucho menos prepararse, para el peor desenlace posible de un embarazo. Ninguna cantidad de preparación ni palabras de consuelo ayudarán a un padre cuyo bebé nazca muerto o fallezca poco después del parto. Es poco probable que te enfrentes a una tragedia así, pero, si el destino te obligara a hacerlo, pregúntate si deseas que se concedan algunas de las solicitudes sugeridas a continuación. Tener una lista preparada con las peticiones que deseas hacer al personal del hospital te permitirá estar mejor preparada para que se cumplan tus deseos en un momento en el que te resultará difícil pensar con claridad.

Instrucciones de luto

En caso de pérdida, ____________ y ____________ desean que se las siguientes solicitudes:

- ☐ Que la anestesia NO se administre durante el parto (si el bebé falleció antes de nacer).
- ☐ Dejarnos sostener al bebé durante el mayor tiempo posible (pregunte con anticipación cuánto tiempo será).
- ☐ Darnos una habitación privada para pasar tiempo con nuestro hijo fallecido y llorar.
- ☐ Permitir que los miembros de la familia vean a nuestro bebé.

- ☐ Tener el siguiente nombre de bebé, ____________, incluido en cualquier documento relevante del hospital.
- ☐ Entreganos los siguientes recuerdos:
  ___mechón de cabello, _____ pulsera médica, ____ fotos del bebé, _____ manta utilizada en el hospital, ______ tinta de pies o huellas de manos.
- ☐ Bautizar nuestro hijo inmediatamente (proporcione el nombre de contacto y la información del clérigo preferido que realiza la ceremonia).
- ☐ Extraigan del bebé una muestra de sangre para hacer pruebas genéticas.
- ☐ Realizar o NO realizar una autopsia.
- ☐ Tener el cuerpo de nuestro bebé disponible para un funeral privado.
- ☐ Donar el cuerpo de nuestro bebé para la investigación científica.

Lista de verificación del día de entrega

- ☐ Cambio de ropa. Sudarás y te ensuciarás durante el trabajo de parto y es posible que tengas que pasar la noche en el centro después del parto.
- ☐ Pantuflas o calcetines. Tienes que mantener tus pies calientes mientras están en los estribos.
- ☐ Toalla pequeña. Acuérdate hay sudor y fluidos corporales
- ☐ Bata o cárdigan corto de algodón. Ni demasiado largo ni voluminoso.
- ☐ Aperitivos. Necesitas combustible para mantener tu energía.
- ☐ Enjuague bucal o mentas para el aliento. Después de jadear durante horas, estos serán un regalo del cielo.
- ☐ Neceser que incluye cepillo de dientes, desodorante, maquillaje, cintas para el cabello, solución para lentes de contacto, etc. (Querrás refrescarte y arreglarte para todas esas fotos).
- ☐ Toallas sanitarias. Los líquidos no dejan de fluir después del parto.
- ☐ Lista de reproducción de música relajante para calmar tus nervios y distraerse durante las contracciones dolorosas.
- ☐ Cuidador designado para dependientes o mascotas. Para aquellos miembros de la familia que no se pueden dejar solos.
- ☐ Pelota de parto. Parece que utilizar una pelota de ejercicio ayuda a posicionar el cuerpo de manera que se controla el dolor.
- ☐ Fotógrafo. Dale a una persona esta tarea y dile a los demás que dejen sus cámaras a un lado hasta después de tu parto.
- ☐ Tu plan de parto. La lista de procedimientos que deseas que se realicen, o que se retengan si surge la necesidad.
- ☐ Comprobante de seguro, identificación o cualquier otro documento pertinente. Siempre hay que rellenar formularios solicitando esta información.
- ☐ Silla de coche reglamentaria. Algunos hospitales no te darán el alta sin un comprobante de propiedad.

Capítulo 5

Tener un bebé de una manera diferente

"Las mamás pueden tener bebés de sus estómagos o de sus corazones... Así que me tuvo del corazón."

—Jackie Danforth, hija adoptiva de la periodista y productora Barbara Walters

Gracias a la adopción y a la tecnología de reproducción asistida, millones de parejas han podido formar su propia familia al traer a casa a un bebé nacido mediante estas vías. El mundo de la adopción se ha globalizado y ha traspasado también las fronteras sociales. No cabe duda de que formar una familia a través de estos canales plantea una serie de cuestiones únicas. A pesar de la exhaustiva investigación de agencias y clínicas que hayas realizado (y de haber sido investigado a fondo tú mismo), aquí hay algunas preguntas que pueden haberte pasado por alto durante el proceso.:

¿Has hablado de estos detalles con tu agencia de adopción o TRA?

1. ¿Algunos de los contratos o detalles finales de adopción o concepción son gestionados por una agencia "hermana"?

2. Si vas a adoptar, ¿qué nombres figuran ya en el certificado de nacimiento de tu bebé (si lo hay)?

3. ¿La agencia puede proporcionar documentación que demuestre cuán exhaustivamente ha verificado la información y el historial médico de tu donante?

4. ¿Te informarán sobre cualquier descendencia existente o futura producida por tu donante elegido?

5. ¿Te notificarán si tu donante desarrolla o descubre más tarde que es portador de alguna enfermedad genética?

6. ¿Qué tipo de apoyo ofrece tu agencia después de la adopción?

7. ¿Habrá algún coste adicional que deba abonarse cuando se acerque la fecha de entrega el hijo adoptado?

8. ¿Te ha explicado la agencia tus derechos como futuro padre y las leyes de revocación de la adopción en tu municipio?

9. En caso de que la adopción no se lleve a cabo, ¿te reembolsan las tarifas o te transfieren al próximo intento de colocación?

10. ¿Qué política de reembolso se aplica si decides rescindir tu contrato con tu agencia actual o cambiarte a otra?

¿Qué aspectos se deben tener en cuenta antes de aceptar una referencia de adopción?

Recibir una referencia de adopción es emocionante, pero también estresante y desgarrador si sientes que no serás el mejor padre para el niño que te han presentado. Una agencia de buena reputación nunca te obligará a aceptar a un niño ni te hará sentir mal si crees que hay problemas para aceptarlo completamente. en tu familia. Las siguientes preguntas ponen de relieve los aspectos que hay que considerar en esta fase tan emotiva del proceso de adopción.

1. ¿Qué pasos va a seguir para mantener la cabeza fría durante un evento tan emotivo como es conocer, aceptar o rechazar una referencia?

2. Si has viajado a otro país para reunirte con una referencia, ¿te sentirías presionado a aceptar al niño porque no podrías gastar más tiempo ni dinero en otro viaje?

3. ¿Se puede contratar a un médico independiente para que examine al niño antes de aceptar la adopción?

4. Si el niño estuviera enfermo en el momento de la reunión, ¿estaría dispuesto a asumir los costes y la gestión del tratamiento?

5. ¿Existe alguna condición o situación, por muy difícil que sea, que te llevara a rechazar al niño propuesto para la adopción?

6. Si rechazas una recomendación, ¿cuánto tiempo pasará hasta que se te muestre otra?

7. ¿Ha sufrido el niño alguna enfermedad grave en el pasado? En caso afirmativo, ¿cómo afectará esto a su salud actual o futura?

8. ¿Qué posibilidades hay de que un tío, un abuelo u otro pariente impugne la adopción de este niño en concreto?

9. ¿Cómo responderías a una referencia que tuviera información médica muy limitada y se supiera poco sobre la familia biológica del niño?

10. ¿Te permitirán pasar más tiempo con la referencia si tu sientes que es necesario antes de poder tomar una decisión tan importante?

¿Cómo puedes hacer para que tu hijo adoptado nacido en el extranjero se sienta cómodo en su nuevo hogar?

Aunque solo tengan días o meses de edad, los bebés conservan el recuerdo de los sonidos y olores de su país de nacimiento. El ritmo y las inflexiones de la lengua nativa, así como la composición de la dieta local, son diferentes a lo que experimentarán con sus nuevas familias. A continuación, se presentan algunas preguntas destinadas a facilitar la transición cuando traigas a casa a un bebé nacido en el extranjero.

1. ¿Tiene el niño alergias o aversiones a algún alimento?

2. ¿Tiene algún alimento, juguete o juego favorito que pudiera reproducir en casa?

3. ¿Tiene algún miedo intenso a personas, lugares o cosas?

4. Si ha tenido poca interacción con otros niños o personas, ¿limitarás el número de visitantes que pasan por tu casa?

5. Si tu hijo pasó gran parte de su infancia en una sala llena de otros niños y disfrutaba de ese alto nivel de energía, ¿cómo intentarías recrear ese entorno en casa?

6. ¿Aprenderás a hablar el idioma nativo de tu hijo o contratarás a alguien que pueda hablar con él en su idioma?

7. ¿Cargará alimentos, libros, ropa y juguetes del país de nacimiento de tu hijo?

8. ¿Le enseñarás a tu hijo sobre su cultura de origen a lo largo de su vida antes de la adopción, o solo si él muestra interés?

9. ¿Harás todo lo posible para hacerte amigo de padres de la misma cultura que la de tu hijo o que tengan hijos de la misma cultura?

10. ¿Describirás siempre el país de nacimiento de tu hijo en términos positivos?

Es necesario ajustar las expectativas cuando se trae a casa a un hijo adoptivo. No se deben aplicar los hitos del desarrollo y las fechas objetivo establecidas para los bebés nacidos en el país de origen a los nacidos en el extranjero. Para ayudar a tu hijo a prosperar, céntrate en darle amor y consuelo, ya que no solo tiene que adaptarse a unos padres nuevos, sino también a un país nuevo.

¿Qué tipo de relación esperas tener con el padre biológico o donante?

"Lo entiendo. Él es el padre biológico y todo eso. Lo que quiero decir es, ¿no somos suficientes?"

—Nicole Allgood, personaje de la película *The Kids Are All Right*

En la película citada anteriormente, la pareja de dos niños concebidos con esperma donado se enfrenta a la tarea desconocida de establecer una relación con el donante recién descubierto. ¿Deberían hacerse amigos de este vínculo biológico y cuánto contacto es saludable para su familia? Si vas a participar en una adopción abierta o tienes contacto con el donante biológico (que puede ser hombre o mujer) de tu hijo, debes plantearte este tipo de cuestiones, junto con las que se indican a continuación.

1. ¿Qué tipo de contacto te gustaría tener con el donante de tu hijo?

2. ¿Vas a retener información de identificación sobre un progenitor hasta que tu hijo cumpla cierta edad?

3. ¿Intentas alterar el certificado de nacimiento de tu hijo para ocultar información sobre su padre biológico?

4. ¿Qué pasaría si esperabas tener un contacto mínimo con el donante, pero tu hijo insiste en tener una relación más cercana con él?

5. ¿Qué pasaría si el donante empezara a involucrarse más en la vida de tu hijo de lo que habías planeado?

6. ¿Qué pasaría si tuvieras un altercado con el donante más adelante en la vida y cómo afectaría esto a tu hijo?

7. Si has acordado mantener contacto regular con los padres biológicos de tu hijo, ¿tendrás los recursos necesarios (tiempo, dinero, transporte fácil) para cumplir con las visitas?

8. ¿Qué harías si el contacto con los padres biológicos de tu hijo disminuyera o se detuviera por completo a pesar de tus mejores esfuerzos? ¿Cómo le explicarías las ausencias a tu hijo?

9. ¿Considerarías a la madre biológica de tu hijo como parte de tu familia y le ofrecerías apoyo financiero y emocional cuando lo necesitara?

10. Si el donante es un amigo cercano, ¿le contarás a tu hijo la conexión biológica que tiene con él y qué tipo de relación tienes tú con ese amigo?

Desde el punto de vista científico, mantener una relación con el donante o padre biológico es un territorio inexplorado. Esto es lo que sabemos: cuando sea posible, lo mejor para todas las personas implicadas es alcanzar un acuerdo abierto con el padre biológico o donante del niño. Todavía se está estudiando hasta qué punto deben ser abiertas estas relaciones. Obviamente, el tiempo que se pasa con un progenitor biológico con graves problemas debe ser limitado, pero la decisión sobre cuáles deben ser esos límites debe contar con la participación de asesores y profesionales especializados en la materia.

¿Qué preguntas difíciles podría hacerle tu hijo adoptivo o donante?

Es solo cuestión de tiempo, pero todos los padres de niños adoptados o con TRA lo saben: las preguntas más agudas terminarán llegando. Sea por curiosidad o por impulso interno inexplicable, todos los niños desarrollan un deseo. natural de saber más sobre sus orígenes genéticos. En lugar de temer o esquivar las preguntas, los padres responsables están preparados con respuestas inteligentes y enriquecedoras. Piensa en las respuestas a las preguntas difíciles que se plantean a continuación. Es posible que nunca te hagan alguna de ellas, pero ¿no es mejor tener preparada una respuesta?

1. ¿Mi madre biológica estaba loca o era una drogadicta?

2. ¿Me volveré yo también adicto a las drogas cuando sea mayor?

3. ¿Me regaló mi madre biológica porque era malo?

4. ¿Me robaron de mi madre biológica?

5. ¿Cuánto costé?

6. ¿Cómo sé que mi madre biológica no está intentando encontrarme?

7. ¿Mi padre biológico sabe que existo?

8. ¿Podré conseguir una foto de mi madre biológica? Si no es posible, ¿por qué no?

9. Ahora que mi madre biológica es mayor, está casada, tiene más dinero, etc., ¿me pedirá que vuelva?

10. ¿Por qué no me llama o busca mi madre biológica?

11. Si pudieras tener tu propio bebé, ¿me habrías adoptado a mí?

12. ¿Por qué no puedo tener el pelo rizado (o enrulado), los ojos azules (o cafés) etc., como tú?

13. ¿Por qué no me adoptó una familia china (o de la nacionalidad de tu hijo adoptivo)?

14. ¿Te pondrás triste si la encuentro o si ella me encuentra a mí?

15. ¿Soy malo (o molesto) por hacer preguntas sobre mi madre biológica?

Todos los niños sienten curiosidad por sus orígenes. Sin embargo, "tener la charla" con un niño adoptado o concebido mediante TRA añade algunas dimensiones más a la conversación. Ronny Diamond, trabajador social y director de Recursos de Adopción de Spence-Chapin en los Estados Unidos, ofrece esta sugerencia en su artículo Hablando con tus hijos sobre la adopción: "Responder a la pregunta '¿De dónde vengo?' implica hablar sobre el nacimiento, la reproducción y la adopción. Si tu hijo no pregunta, puedes plantear tú mismo el tema y averiguar qué piensa y qué quiere saber. Es mejor responder a las preguntas que tu hijo hace que inundarlo con información."

Capítulo 6

Traer a casa al bebé

"Teníamos a mucha gente en casa cuando trajimos a nuestro primer bebé. Era ruidoso y estaba abarrotado, pero al bebé no le importó; estaba tranquilo y calladito. En cuanto se fue la última persona y cerramos la puerta, ¡boom!, comenzó a gritar y no paró de llorar desde las 21:00 hasta las 07:00. Miré a mi mujer y le dije: '¡Aquí vamos!'"

—Steve, padre de dos hijos, de 22 y 25 años

"Cuando llegamos a casa del hospital, mi esposo y yo nos miramos y pensamos: ¡Madre mía! ¿Ahora qué hacemos?!"

—JP, madre de un hijo de 19 años

Has sobrevivido al parto o a la entrega del bebé en adopción y estás lista para llevarte a casa a tu pequeño milagro. A medida que te alejas del hospital, te das cuenta de que estás mayormente sola. Si tu bebé llora, tiene una erupción, no come o hay algo raro en el pañal, Tienes que encontrar soluciones por ti misma.

No te desesperes si necesitas tres intentos para ponerle el pañal correctamente o si no sabes distinguir entre el llanto de hambre y el de cansancio. Todos los padres pasan por una curva de aprendizaje. Responde al cuestionario de abajo para averiguar tu nivel de preparación para la llegada de un recién nacido.

¿Estás preparado para llevar a casa a un bebé recién nacido?

1. Cuando se instala correctamente, ¿en qué dirección debe mirar un asiento de seguridad para bebés?

    a) El niño mira hacia la parte trasera del coche.

    b) El niño mira hacia la parte delantera.

2. ¿Qué es lo que no necesita el recién nacido cuando se baña?

    a) Jabón.

    b) Un paño o una esponja.

3. ¿Cuándo debes dar el primer baño a tu bebé en una bañera?

    a) Solo después de que se haya caído el muñón del cordón umbilical y haya sanado la cicatriz.

    b) Tan pronto como el bebé llega a casa desde el hospital.

4. ¿Por qué no hay que organizar una gran fiesta de bienvenida para tu recién nacido?

    a) Porque las personas pueden transmitir gérmenes y enfermedades a tu bebé sin darse cuenta.

    b) Porque ver caras desconocidas podría asustar a tu bebé.

5. ¿Qué error común cometen los padres primerizos a la hora de vestir a su recién nacido?

    a) Vestir demasiado al bebé en climas cálidos.

b) Viste al bebé con ropa dos tallas más grandes.

6. ¿Qué debes hacer si tu bebé duerme toda la noche en tu primera noche en casa?

   a) Despiértala cada cuatro horas durante unas semanas para evitar la deshidratación.
   b) Cuenta tus bendiciones.

7. ¿Cuál es la mejor posición para que tu bebé duerma sano y tranquilo?

   a) De lado, y, apoyado en almohadas.

   b) De espaldas, hace ya mirado al techo.

8. ¿Cuáles son los cinco puntos que recomiendan los expertos para ayudar a calmar a un recién nacido?

   a) Sentar, cantar, sonreír, y dar dulces.

   b) Columpiar, envolver, guardar silencio, y sostener (sostén al bebé boca abajo con un chupete o alimento).

9. ¿Cuántos pañales usa de media un recién nacido al día?

   a) 3-6 pañales.

   b) 7-10 pañales.

10. Entre siestas, ¿cuánto tiempo suelen permanecer despiertos los recién nacidos?

    a) Entre dos y cuatro horas.

b) Entre 45 minutos y una hora.

11. ¿Qué son las dos cosas importantes que debes hacer antes de coger en brazos a tu bebé?

    a) Asegúrate de que tus uñas estén cortas y de que sujetas al bebé de forma segura por la cintura.

    b) Asegúrate de que te has lavado las manos y sujeta la cabeza del bebé.

12. ¿Cuál es la técnica correcta para desalojar un objeto de la garganta de un bebé que se está asfixiando?

    a) Maniobra de Heimlich.

    b) Golpecitos en la espalda y empujones en el pecho.

La respuesta correcta para las preguntas del 1 al 6 es la opción "a". Además de instalar la silla de auto para bebés mirando hacia la parte trasera del vehículo, no utilices una silla que tenga más de dos años o que haya sufrido un accidente, aunque esté prácticamente nueva. Bañar a tu recién nacido demasiado pronto, antes de que el cordón umbilical haya cicatrizado por completo, puede causar irritación o infección.

También debes evitar que tu bebé sea manipulado por demasiadas personas, ya que los humanos somos transmisores de gérmenes, sobre todo durante la temporada de resfriados y gripe. En cuanto a los conjuntos de jerséis, si hace demasiado calor para que te abrigues, también lo es para tu bebé. Aunque parezca contradictorio, es importante que un bebé en desarrollo coma cada poca hora para evitar la deshidratación, incluso si eso significa interrumpir su dulce sueño.

La respuesta correcta para las preguntas del 7 al 14 es la opción "b". No se debe acostar a un bebé cerca de nada que pueda causarle asfixia. Cantarle y sonreírle puede hacer que te sientas bien, pero probablemente no calmará a tu bebé quisquilloso. Según el Dr. Harvey Karp, autor de la serie de libros Happiest Baby on the Block (El bebé más feliz de la cuadra), las acciones de la opción "b" son métodos infalibles para calmar incluso a un bebé con cólicos.

Los recién nacidos ensucian muchos pañales al día, pero también duermen siestas muy largas, por lo que habrá tiempo para lavar la ropa. Además, los bebés son demasiado frágiles para ser levantados por la cintura o para realizar la maniobra de Heimlich. Quienquiera que manipule a tu hijo debe hacerlo con sumo cuidado.

¿Cómo vas a alimentar a tu bebé?

¿Quién habría pensado que la lactancia materna se convertiría en un tema con tanto peso emocional? Multitudes de mujeres se han unido para promocionar los beneficios de la leche materna frente a la leche de fórmula y exigir la creación de centros de lactancia en el trabajo y en lugares públicos.

Es cierto que los senos son una maravilla de la naturaleza, pero muchas madres primerizas se sorprenden al descubrir que la lactancia materna puede resultarles difícil y que, en el caso de un pequeño porcentaje de mujeres, sus cuerpos no producen suficiente leche para alimentar adecuadamente a su bebé. Las mujeres que deciden no amamantar o que no pueden hacerlo por cualquier motivo no tienen por qué depender necesariamente de la leche de fórmula. Se ha desarrollado una industria artesanal cuyo objetivo es proporcionar los beneficios de la leche materna (y no necesariamente de la madre del bebé) a todos los bebés. Hay nodrizas que amamantan a niños que no son suyos y bancos de leche que recolectan, pasteurizan, analizan y luego venden la leche de donantes examinadas para suministrar el elixir milagroso a quienes lo necesitan. Si se necesita un pueblo para criar a un niño, hay toda una cuadra dedicada a garantizar que tu bebé esté bien alimentado.

Responde al siguiente cuestionario para poner a prueba tus conocimientos sobre la leche materna y la leche de fórmula.

	Verdadero	**Falso**
Las heces de tu bebé cambiarán si cambias de leche materna a leche de fórmula.	__________	__________
Los bebés rara vez son alérgicos a la leche materna, pero pueden tener una reacción alérgica a ciertos alimentos que la madre ha ingerido.	__________	__________
Cuanto más se amamante o se extraiga leche, más producirá tu cuerpo.	__________	__________
La leche materna se puede almacenar en un congelador entre cuatro y seis meses.	__________	__________
Los bebés digieren la leche de fórmula más lentamente que la leche materna, por lo que pueden pasar más tiempo sin comer.	__________	__________
Los bebés que son amamantados tienen un menor riesgo de desarrollar asma, ciertas infecciones y obesidad.	__________	__________

	Verdadero	**Falso**
La presencia de sangre o mucosidad en las heces de tu bebé podría indicar una alergia a la leche artificial que estás utilizando.	__________	__________
El alcohol estará presente en tu leche materna si tomas una bebida alcohólica justo antes de dar el pecho.	__________	__________
La composición química de la leche materna cambia varias veces al día.	__________	__________
Una mujer quema alrededor de 500 calorías adicionales al día produciendo leche materna.	__________	__________
La lactancia materna provoca una reacción química que produce tranquilidad en el cerebro de la madre.	__________	__________
El útero de una madre lactante sanará más rápidamente que el de una madre que no amamanta a su bebé.	__________	__________
Las madres que alimentan a sus bebés con leche de fórmula pueden establecer vínculos tan fuertes como las que amamantan.	__________	__________
La leche materna le proporciona anticuerpos al bebé. La fórmula no.	__________	__________
Según la FDA*, la fórmula infantil contiene al menos 29 vitaminas y minerales diferentes.	__________	__________

	Verdadero	**Falso**
Amamantar siempre al bebé del mismo pecho puede hacerte sentir desequilibrada.	________	________
La mayoría de las mujeres con implantes mamarios pueden amamantar.	________	________
La Organización Mundial de la Salud recomienda la lactancia materna exclusiva al mínimo durante los seis primeros meses de vida.	________	________
Es normal que pasen varias semanas hasta que el bebé y la madre se acostumbren a la lactancia materna.	________	________
Durante la toma, es normal que el bebé esté irritable, pero eso no significa necesariamente que no esté recibiendo suficiente leche.	________	________

La buena noticia es que todas estas afirmaciones son ciertas. En el excelente sitio web de la Asociación Internacional de Consultores de Lactancia (ILCA.org) se puede encontrar una lista de consultores, organizaciones y otros recursos relacionados con la lactancia. También ofrece enlaces a sitios web que proporcionan consejos nutricionales para el bebé y la madre lactante. Además, puedes pedirle a tu médico que te recomiende grupos y servicios locales que te ayudarán a proporcionar la mejor nutrición a tu recién nacido.

**Administración de Alimentos y Medicamentos de los Estados Unidos (FDA)*

¿Deberías vacunar a tu hijo?

Tendemos a olvidar cómo la ciencia ha eliminado prácticamente numerosos problemas de salud que durante siglos fueron tragedias aceptadas en la vida. Hace solo unas pocas generaciones, las mujeres podían esperar perder al menos a un hijo por enfermedades infecciosas como la polio o el sarampión. Gracias a las vacunas, estas pérdidas son ahora una excepción, no la norma. Sin embargo, hoy en día, a pesar de la abrumadora evidencia que respalda su seguridad, las vacunas se han convertido en un tema controvertido. Si aún no está seguro de si las vacunas son seguras o si quiere que la vacunación de tu hijo conlleve el menor riesgo posible, responder a las siguientes preguntas puede Aclarar el tema.

1. ¿Dejarías de vacunar a tu hijo solo porque una celebridad o una persona cercana a ti cree que las vacunas son inseguras o innecesarias?

2. Si estás investigando sobre vacunas, ¿te basarás únicamente en los datos que encuentras en Internet o entrevistarás personalmente a médicos y científicos, y visitarás bibliotecas médicas para obtener información?

3. Si tu hijo (que no está vacunado) se enferma de una enfermedad que se podría prevenir con una vacuna, ¿podrías sentirte culpable por haberla propagado a otras personas, especialmente a las que tienen la salud comprometida?

4. ¿Tendrías que tomar medidas de seguridad adicionales, como mantener a tu hijo alejado de niños enfermos, que no serían necesarias si hubiera sido vacunado?

5. En lugar de negar, ¿prefieres pedir que se reduzca la cantidad de vacunas que recibe tu hijo en una sola visita?

6. ¿Existe alguna forma de programar las inyecciones con más espacio del recomendado sin poner en riesgo a tu hijo?

7. ¿Le preguntarás al pediatra de tu hijo si hay alguna vacuna que puedas posponer hasta que tu hijo sea mayor o esté listo para ir a la escuela?

8. ¿Solo vacunarás a tu hijo si los ingredientes de la vacuna nunca han sido acusados de ser tóxicos para los niños?

9. ¿Solo permitirás que le pongan varias inyecciones a tu hijo si se han hecho pruebas que demuestren que es seguro mezclar las fórmulas?

10. ¿Solo vacunarás a tu hijo si le hacen pruebas antes para asegurarte de que no es alérgico a ninguna de las sustancias que contiene la vacuna?

¿Cómo sabes si tu bebé necesita ver a un médico?

Imagina que estás cambiando la camiseta de tu recién nacido y te sale un sarpullido en la espalda. Te llenas de pánico, y te preguntas: "¿Es grave? ¿Desaparecerá solo? ¿Qué he comido, tocado o vestido? Te sientes impotente y luego te reprochas por no haberte matriculado en Medicina. Es habitual que los bebés desarrollen algunas afecciones extrañas y algo aterradoras mientras se adaptan al primer año fuera del útero. Naturalmente, querrás saber si la afección es grave.

A continuación, encontrará una lista de síntomas y situaciones que pueden darse al cuidar a tu bebé. Marque "sí" si considera que la descripción es lo suficientemente grave como para justificar una llamada de emergencia al pediatra, o "no" si considera que la afección es habitual durante el desarrollo del bebé y se puede tratar con el tiempo o medicamentos infantiles de una farmacia local.

¿Es grave?	**Sí**	**No**
Erupción similar al acné en la cara y el cuero cabelludo.	_______	_______
Pequeñas protuberancias blancas alrededor de la nariz, la barbilla u otras partes de la cara	_______	_______
Regurgitación (no vómitos en proyectil) entre comidas	_______	_______
Caca de color negro o verde muy oscuro unos días después del nacimiento.	_______	_______
Una temperatura corporal de entre 37,2 y 37,8 °C.	_______	_______
Diarrea ocasional	_______	_______
Piel escamosa y con costras en el cuero cabelludo o caspa	_______	_______
Quemaduras solares leves	_______	_______
Signos de ojo vago	_______	_______

¿Es grave?	**Sí**	**No**
Marca de nacimiento que no se desvanecía	______	______
Sonreír con poca frecuencia	______	______
Mal congestión nasal	______	______
Ampolla por quemadura accidental.	______	______
Masticar un juguete sucio de la mascota	______	______
Llorar incontrolablemente durante más de una hora	______	______

Por sorprendentes que sean, todos estos síntomas son afecciones comunes, por lo general no mortales, entre los recién nacidos que normalmente no requieren atención médica de emergencia. El propósito de este ejercicio es ayudar a los nuevos padres a entender que el cuerpo de un recién nacido no solo crece, sino que también se adapta al nuevo entorno, con todo su polvo, luz solar y agua tratada, de maneras que producen síntomas extraños y, a veces, aterradores. No obstante, confía en tus instintos y usa el sentido común. Si tu bebé ha mostrado alguno de los signos anteriores y parece tener dolor, está apático o no quiere comer, busca atención médica de inmediato.

¿Cómo sabrás si te estás recuperando adecuadamente?

Con toda tu atención centrada en tu bebé, ¿te vas a descuidar a ti misma? Llevar y dar a luz a un bebé es muy duro para el cuerpo de una mujer, así que no esperes que se recupere y esté listo para el bikini de inmediato. Las partes del cuerpo afectadas tardan semanas en sanar y los demás síntomas posparto tardan meses o más en desaparecer. Mientras tus niveles hormonales y tus músculos intentan volver a la normalidad, es posible que experimentes alguna de las afecciones que se enumeran a continuación. Marque "sí" si cree que el síntoma es un signo de algo más grave y justifica una llamada de emergencia a tu médico, o "no" si cree que forma parte del proceso normal de recuperación y se puede tratar con el tiempo o con medicamentos de venta libre que se venden en tu farmacia local.

¿Es grave?	**Sí**	**No**
Sangrado vaginal de más de tres o cuatro días.	________	________
Moretones alrededor de la vagina o de la incisión de la cesárea	________	________
Moretones en cualquier otra parte del cuerpo	________	________
Problemas o dolor al orinar	________	________
Ojos inyectados en sangre	________	________
Visión borrosa	________	________
Sudores nocturnos	________	________
Mareo	________	________

¿Es grave?	**Sí**	**No**
Estreñimiento recurrente	______	______
Ausencia de deposiciones en más de 3 días	______	______
Dolor alrededor de la vagina	______	______
Dolor generalizado y fiebre baja	______	______
Episodios de depresión	______	______
Pérdida de apetito	______	______
Dolor en los senos	______	______

Es posible que no experimente ninguno de estos síntomas o que los experimente todos, pero son comunes durante los primeros meses posparto. Por lo general, no son graves, son temporales y se pueden tratar en casa con reposo y medicamentos de venta libre. No obstante, debes informar a tu médico en la próxima cita programada si has experimentado alguno de estos síntomas, para que pueda hacer un seguimiento de tu recuperación. Si a los vómitos y la fiebre se suman alguno de los síntomas anteriores, o si padece alguna enfermedad crónica, solicite atención médica de inmediato.

Capítulo 7

Cuidado infantil

"Algo me pasó después de que naciera mi hija. Me convertí en una especie de monstruo superpsicópata y paranoica. Cuando mi hija era un bebé, no quería que nadie la abrazara y aún hoy no la dejo sola con nadie si no estoy en la habitación. Espero que esto sea solo una fase."

—Joanna, madre de tiempo completo

La ley federal de Estados Unidos establece que las nuevas madres (y padres) pueden tomarse hasta 12 semanas de baja por maternidad sin sueldo para cuidar de su bebé. Sin embargo, una vez finalizado ese periodo, hay que volver al trabajo y los padres deben buscar a alguien que cuide de su hijo mientras están en la oficina. Incluso si planeas ser una madre o un padre que se quede en casa, necesitarás una persona de confianza que cuide de los niños mientras haces recados, asistes a actos para adultos o te tomas una siesta muy necesaria. Encontrar y mantener un cuidador que sea de confianza, competente y asequible podría ser la tarea más estresante a la que te enfrentes como padre o madre. Si tienes suerte, encontrarás una persona o una organización que trate a tu hijo como si fuera el único niño del mundo. Si tomas la decisión equivocada, es posible que termines sintiéndote como si estuvieras cuidando de dos niños en lugar de uno.

¿Serás tú la cuidadora principal de tu hijo?

¿Estás pensando en ser una madre que se queda en casa? Hace generaciones, era lo más habitual entre las mamas. Hoy en día, es un lujo para quienes pueden administrar sus gastos con un solo ingreso. Los papas se han apuntado a la lista de padres que se quedan en casa a tiempo completo, pero no todo el mundo está hecho para este papel. La paciencia y el altruismo necesarios para satisfacer sus constantes demandas lo convierten más en una vocación que en una elección de carrera profesional. También resulta desalentador leer encuestas recientes que revelan que las amas de casa se sienten más preocupadas, tristes y estresadas que las madres que trabajan fuera de casa. Por fortuna, la otra cara de la moneda indica que más de la mitad de estas mismas amas de casa todavía se describen como "prosperando". Pero, dejando de lado los datos, ¿ser madre a tiempo completo te hará feliz? Para ayudarte a decidir, hazte las siguientes preguntas:

1. ¿Le da la bienvenida a la rutina de jugar a juegos infantiles, ver programas de televisión para niños y escuchar música infantil todo el día, día tras día?

2. ¿Te imaginas preparando el desayuno, el almuerzo, la cena y los tentempiés para tu hijo y tu familia día tras día?

3. ¿Te sentirías como que te estás perdiendo de algo si no puedes recibir abrazos y besos de tu hijo en cualquier momento del día?

4. ¿Te resulta atractiva la idea de no tener que levantarte, para maquillarte, y vestirte de manera profesional para ir al trabajo?

5. ¿Te mataría perderte los hitos del desarrollo de tu hijo (la primera risa, la primera palabra o el primer paso) porque estabas en el trabajo?

6. ¿Cambiarías la oportunidad de ascender en tu carrera por la posibilidad de ser un padre o una madre de tiempo completo?

7. ¿Te encanta la idea de no tener un horario y despertarte y comer cuando tu bebé lo desee?

8. ¿Piensas ser madre o padre a tiempo completo porque lo deseas, y no porque te hayan dicho que es lo correcto?

9. ¿Estás emocionado por encontrar maneras creativas de entretener a tu hijo día tras día?

10. ¿Serás tan proactiva que te inscribirás en actividades o grupos de madres para salir de casa e interactuar con otros adultos?

11. ¿Iniciarás tu propio grupo de mamas o papas si no encuentras uno que te guste o que esté cerca?

12. ¿Te interesa escribir un blog o unirte a foros en línea de padres y madres que trabajan desde casa para dar y recibir consejos y apoyo emocional?

13. ¿Establecerías algún tipo de horario para que tu pareja se encargara de todas las tareas del bebé cuando llegues a casa?

14. ¿Intentarás trabajar desde casa mientras eres ama o amo de casa?

15. Desde el punto de vista psicológico, ¿es fácil renunciar a un sueldo fijo para dedicarse a tiempo completo a la crianza de tu hijo?

16. ¿Te sentirías cómoda confiando en el sueldo de otra persona en lugar del tuyo?

17. ¿Te sentirás tan orgulloso diciendo que eres un padre de tiempo completo como cuando dices que eres un profesional que trabaja a tiempo completo?

18. ¿Estás de acuerdo en que trabajar con un niño pequeño rebelde es tan molesto como trabajar con un jefe difícil, pero sin duda más gratificante?

19. ¿No dudarás en pedir ayuda si, tras semanas de falta de sueño, alimentación constante, cambios de pañales y limpieza, empiezas a sentirte desmotivada?

20. ¿Estás de acuerdo en que ser madre o padre a tiempo completo puede ser duro e ingrato, pero sigue siendo el mejor trabajo del mundo?

Si has respondido afirmativamente a la mayoría de las preguntas anteriores, es posible que descubras que ser madre o padre a tiempo completo es tu verdadera vocación. Como explica Shelly Loving, de epinions.com: "Los aspectos financieros nunca han sido fáciles, pero hasta ahora vale la pena todos los sacrificios, y los millones de carnavales gratuitos a los que hemos asistido en lugar de irnos de vacaciones."

¿Un amigo o familiar se encargará de la guardería de tu hijo?

"Mi padre solía sacar a mi hijo una vez a la semana. Ponía al bebé en el cochecito y se iba a pasear por el acantilado durante horas, fumando un puro. Luego, se echaba una siesta en un parque con el bebé al sol, sujetando con una mano una de las ruedas del cochecito. En primer lugar, el bebé podría haberse caído del carrito. En segundo lugar, el bebé volvió a casa con un lado de la cara quemado por el sol. Mi padre decía con tranquilidad: 'Nate se ha quemado un pocito hoy'. ¡Imagínate, mi padre volvió unos días más tarde y volvió a pasar lo mismo!"

—JP, madre de un hijo de 19 años

Los familiares y amigos constituyen la mayoría de los cuidadores infantiles; de hecho, los abuelos cuidan al 38 por ciento de todos los niños en edad preescolar. Muchos padres se sienten más seguros cuando dejan a su hijo al cuidado de alguien a quien conocen a través de lazos de amistad o de sangre. Aunque hacer arreglos para que un familiar cuide de tu hijo suele ser menos formal que contratar ayuda profesional, debe tomarse con la misma seriedad. Organiza reuniones periódicas para revisar si el acuerdo sigue funcionando para todas las personas involucradas o si es necesario modificarlo.

Si planeas que tus padres o suegros cuiden de tu hijo, ten en cuenta sus habilidades físicas actuales y futuras. Puede que tus padres parezcan ágiles hoy, pero ¿podrán seguir el ritmo de tu hijo a medida que crezca o tenga hermanos? Ten en cuenta el tiempo y el esfuerzo que eso supondrá para la otra persona. Nunca supongas que un padre o una madre está a tu disposición porque "se queda en casa todo el día de todos modos" o "no tiene nada mejor que hacer" por la tarde. Ver a tu hijo puede ser más divertido que un día en Disneylandia, pero requiere mucha energía y supone dejar de hacer otras cosas.

Reflexiona sobre las siguientes preguntas si tienes pensado dejar a tu hijo al cuidado de un familiar o amigo cercano. La palabra "pariente" puede referirse a una madre, un padre, un suegro, una hermana u otra familiar cercana.

1. ¿Tu pariente ha mostrado un interés fuerte, tibio, indiferente o resignado en encargarse de los cuidados diurnos de tu hijo?

2. ¿Establecerás un horario fijo o esperarás a que tu pariente cuide de tu hijo cuando pueda?

3. ¿Le reembolsarás a tu pariente los gastos imprevistos (pañales, entradas de cine, comida rápida) que tenga que pagar mientras cuida de tu hijo?

4. ¿Cuidará a tu hijo en su casa o en la tuya?

5. ¿Qué harás si tus padres y suegros discuten sobre quién cuidará a tu hijo?

6. ¿Tu familiar le proporcionará cuidados diurnos porque, sinceramente, no puedes pagar a nadie más?

7. ¿Tu pariente tendrá que viajar mucho tiempo o a altas horas de la noche para estar con tu hijo?

8. ¿El cuidado de tu hijo dificultará que tu pariente programe citas personales o asista a actos sociales?

9. ¿Cuidar a tu hijo impedirá que tu pariente ayude a otro pariente con hijos?

10. Si tus padres van a encargarse de la guardería, ¿quieres que traten a tu hijo exactamente cómo te trataron a ti cuando eras pequeña?

11. ¿Cómo te vas a adaptar al hecho de que, mientras tus hijos crecen y tu nivel de energía aumenta, tus padres envejecen y el suyo disminuye?

12. ¿Qué harías si un familiar insinuara o se quejara de que tu hijo es demasiado trabajo para ella?

13. ¿Te importaría que tu pariente viniera con una sustituta para cuidar a tu hijo cuando ella no puede?

14. ¿Qué harías si un pariente ignorara por completo las normas de tu casa y otras indicaciones que le has pedido que siga?

15. ¿Qué haría si tu hijo sufriera una lesión en un accidente mientras tus padres lo cuidaban?

16. ¿Tu pariente padece alguna afección física o médica (problemas de vista, dolores de espalda o dificultades para levantar objetos) que podrían afectar a su capacidad para cuidar de tu hijo?

17. ¿Cómo reaccionarías si llegaras a casa y encontraras a tu familiar durmiendo mientras tu hijo pequeño deambula solo por la casa?

18. Además de preguntar "¿por qué?", ¿qué harías si tu hijo te dijera que no le gusta pasar tiempo con un pariente o familiar?

19. ¿Tu pariente cuidará a otros niños al mismo tiempo que a tu hijo?

20. Si tu pariente es soltero, pero tiene pareja, ¿le permitirás que cuide de tu hijo con su novio o novia?

21. ¿Qué harías si un familiar tuyo se pusiera enfermo o tuviera un accidente y ya no pudiera cuidar de tu hijo?

22. ¿Qué situación o evento te haría reemplazar a tu pariente como cuidador de tu hijo?

23. ¿Podrías despedir a un pariente que cuida de tu hijo? ¿Provocaría resentimientos familiares duraderos?

24. ¿Le otorgarás a tu pariente autoridad total e incuestionable sobre tu hijo?

25. ¿Establecerías límites y darías instrucciones específicas por escrito sobre lo que tu pariente puede y no puede hacer mientras cuida de tu hijo?

¿Contratarás a una cuidadora profesional para que cuide de tu hijo?

"Lo mejor es no presionar demasiado a la niñera. Eso estresa a todos, incluso a los niños. No digo que los padres deban ser laxos, deben tener algunas normas, pero no ser esclavos de ellas. Las niñeras somos como cualquier otro profesional: seres humanos que hacemos lo mejor que podemos sin presiones adicionales."

—Cecilia, niñera que cuida a un niño de 9 años y una niña de 12 años

"Fui a teñirme el pelo y, durante esa mañana, varias de mis amigas llamaron a casa. Nuestra niñera austriaca les dijo que me había ido al 'saloon' (un bar) en lugar del 'salón' (la peluquería). ¡Mis amigas llamaron una por una a mi móvil para preguntar qué había pasado para que necesitara una cerveza a las nueve de la mañana!"

—Mamá misa en *AuPairMom.com*

Contar con un cuidador profesional no es un lujo, sino una forma de dar la bienvenida a un nuevo miembro de la familia. Winston Churchill dijo de su niñera: "Mi enfermera era mi confidente. Fue mi amiga más querida e íntima durante veinte años. Nunca tendré un amigo así de nuevo." Para destacar la importancia de esta profesión, en algunas ciudades donde los padres compiten por los recursos, una buena niñera puede ganar fácilmente más que un médico.

¿Estás interesada en contratar a una niñera a tiempo completo?

1. ¿Insiste en que tu cuidador sea un graduado universitario con capacitación avanzada en cuidado infantil?

2. ¿Es importante que el cuidador de tu hijo haya sido examinado minuciosamente por un servicio reconocido a nivel nacional?

3. ¿Estás dispuesta a recaudar y pagar impuestos sobre la nómina, así como a presentar los formularios de impuestos requeridos como empleadora?

4. ¿Está dispuesto a pagar un salario de nivel profesional con prestaciones a un candidato cualificado?

Si has respondido "sí" a las preguntas anteriores, no tendría problema en considerar una niñera a tiempo completo, que es el estándar de oro para el cuidado infantil en el hogar. Puede encontrar niñeras de todos los niveles de experiencia a través de agencias o anuncios independientes. No existe una licencia oficial para niñeras, pero hay agencias autorizadas por el gobierno que evalúan a los solicitantes que solo contratan a personas que cumplen ciertos criterios estrictos. Las niñeras de primer nivel son profesionales que a menudo tienen un tipo de título en desarrollo infantil. Son caras y están muy solicitadas, por lo que pueden pedir y recibir sueldos altos, días festivos pagados, vacaciones, ventajas para empleados, aumentos de sueldo y bonificaciones. Aun así, quienes la describen como una organizadora, moderadora, pacificadora, facilitadora y, en general, hacedora de milagros, consideran que el dinero está bien gastado.

¿Una au-pair podría ser adecuada para ti?

1. ¿Buscas ayuda a tiempo completo por un coste menor que el de contratar a una niñera?

2. ¿Esperas necesitar asistencia a tiempo completo solo durante un par de años?

3. ¿Te gusta la idea de poder cambiar fácilmente de cuidador a medida que tu hijo crece?

4. ¿Prefieres una cuidadora más joven que no tenga unas formas de cuidado tan establecidas?

Si has respondido "sí" a las preguntas anteriores, tal vez una au-pair sea perfecta para tu familia. Las au-pair son ciudadanas extranjeras de entre 18 y 26 años capacitadas para trabajar en el extranjero como cuidadoras infantiles internas con un visado especial. Son contratadas a través de una agencia aprobada para vivir, comer y disfrutar de sus vacaciones con una familia mientras trabajan como cuidadoras infantiles hasta un máximo de 45 horas a la semana. No realizan tareas domésticas y no pueden cuidar a los niños sin supervisión durante la noche. Los au-pair se quedan con una familia durante un periodo mínimo de un año y un máximo de dos. Son más baratas que una niñera, pero tienen más restricciones y condiciones para su empleo.

¿Podría una niñera satisfacer tus necesidades de cuidado infantil?

1. ¿Solo necesitas que alguien cuide de tu hijo unas horas al día?

2. ¿Solo necesitará una cuidadora de forma esporádica o con poca antelación?

3. ¿Quieres contratar a alguien para que te acompañe de vacaciones o a eventos y te ayude con tu bebé?

4. ¿Estás segura de que tu habilidad para juzgar el carácter y seleccionar a una niñera es tan buena como la de un servicio profesional?

Si ha respondido "sí" a las preguntas anteriores, es posible que estés más que feliz de contratar a una niñera solo cuando la necesite. El cuidado de niños ha evolucionado mucho desde la época en que los padres confiaban ciegamente en un adolescente del barrio. La búsqueda de niñeras ha dado un giro tecnológico y ha subido un par de escalones en el proceso. Existen sitios web de referencia de niñeras, agencias de detección, cooperativas de cuidado infantil y portales de empleo populares que enumeran niñeras con títulos universitarios, formación en RCP e incluso fluidez en el lenguaje de signos. Algunas niñeras están disponibles con poca antelación, pero cuantas más ventajas y servicios profesionales se ofrezcan, mayor será el precio.

¿Qué debes tener en cuenta a la hora de contratar a una niñera?

"Solo contraté a una niñera una vez, cuando mi hijo era pequeño. Un día, cuando mi esposo y yo llegamos a casa, la niñera estaba dormida en el sofá y nuestro hijo andaba suelto por la casa sin supervisión. ¡Por lo menos podría haberse mantenido despierta!"

—Heather, madre de un niño de 7 años

Gracias a internet, encontrar cuidadoras de niños es más fácil que nunca. Los padres pueden buscar en varios sitios web que ofrecen niñeras cualificadas, unas au-pair que hablen con fluidez el idioma extranjero que necesitas o niñeras expertas en el cuidado de niños con autismo. Tanto si buscas una niñera interna como una ocasional, saber lo que quieres con antelación te ayudará a descartar a muchos candidatos competentes. Las siguientes preguntas te ayudarán a hacerte una idea más clara de las cualidades que consideras más importantes a la hora de contratar a alguien para que cuide de tu hijo y de cómo quieres que sea el proceso de selección.

1. ¿Qué cualidad es la más importante para ti a la hora de contratar a una niñera?

2. Antes de contratar a una candidata, ¿qué comprobaciones vas a realizar? ¿Su historial de crédito, sus antecedentes, sus referencias telefónicas o sus licencias?

3. ¿Seguirías comprobando los antecedentes de una persona si te la recomendara alguien de tu entorno?

4. ¿Investigaras las páginas sociales de los candidatos, leer sus publicaciones y comentarios que han hecho en la web?

5. ¿Contratarías solo a una niñera que viniera con varias cartas de recomendación?

6. ¿Contratarías a alguien que solo hubiera trabajado cuidando niños para financiarse los estudios y comenzar otra carrera?

7. ¿Contratarías a una niñera que no tuviera licencia ni seguro?

8. Al contratar a una niñera, ¿qué edad es demasiado mayor y qué edad es demasiado joven?

9. ¿Confiarías en una agencia para evaluar y recomendar posibles niñeras?

10. ¿Preferirías contratar a un cuidador hombre o mujer?

11. ¿Contratarías a una niñera que es muy atractiva físicamente?

12. ¿Qué nivel de educación esperas que tenga tu niñera?

13. ¿Qué factores serían decisivos para ti a la hora de contratar a una niñera?

14. ¿Cómo te sentirías al contratar a una niñera de otra raza, cultura o religión?

15. ¿Te gustaría que la niñera pudiera enseñarle un idioma extranjero a tu hijo?

16. Si un posible cuidador hablara con un acento muy marcado, ¿te preocuparía su capacidad para ser entendida si tuviera que llamar al 911(112)?

17. ¿Qué harías si a tu pareja no le gustara una niñera que realmente quisieras contratar?

18. ¿Contratarías a una inmigrante indocumentada como niñera?

19. ¿Le confiarías a tu niñera el cuidado de tu casa sin supervisión y con acceso a tus objetos de valor?

20. Si estuvieras desesperada porque tu niñera canceló con poca antelación, ¿contratarías a una desconocida que encontraste en internet?

Hace algún tiempo, circulaba por internet una foto muy popular de un bebé y un patito de peluche cuidadosamente pegados a una pared. con cinta adhesiva Por fortuna, los padres no tienen que llegar a tales extremos para vigilar a su hijo. Gracias a varios sitios web, los padres pueden encontrar ayuda excelente y de confianza para el cuidado de sus hijos.

¿Cuáles son las ventajas de tener un contrato de cuidado infantil?

A menudo, las niñeras te presentarán un contrato detallado en el que se especifican los servicios y las tarifas. Si vas a contratar a una persona, ya sea una desconocida o una amiga cercana, y no tienes un contrato, redacta uno. Poner las cosas por escrito contribuye en gran medida a evitar malentendidos futuros. A continuación, se presentan las normas que tu niñera debe seguir mientras cuida de tu hijo. Revisa la columna siguiente y marca los que consideres lo suficientemente importantes como para incluirlos en tu contrato.

¿Cuál de las siguientes acciones podría realizar tu niñera mientras cuida a tu hijo?	**Si**	**No**
¿Ver telenovelas o programas clasificados para adultos mientras está en la habitación?	__________	__________
¿Pasar el tiempo enviando mensajes de texto o llamado a amigos por teléfono?	__________	__________
¿Hacer diligencias o navegar por internet?	__________	__________
¿Visitar a un amigo con tu hijo?	__________	__________
¿Recibir visitas en la casa?	__________	__________

¿Cuál de las siguientes acciones podría realizar tu niñera mientras cuida a tu hijo?	**Si**	**No**
¿Usar el coche familiar?	________	________
¿Comer o beber cualquier cosa de tu cocina?	________	________
¿Beber una bebida alcohólica?	________	________
¿Tomar siestas?	________	________
¿Ir de paseo lejos de casa con tu hijo?	________	________
¿Llevarle a tu hijo regalos, dulces u otros bocadillos?	________	________
¿Preparar meriendas o comidas en tu casa?	________	________
¿Hacer mandados personales con tu hijo?	________	________
¿Tomar fotos de tu hijo?	________	________
¿Castigar a tu hijo con tiempos fuera u otras restricciones?	________	________
¿Hablar sobre temas religiosos o contar historias religiosas?	________	________
¿Enseñarle a tu hijo a jugar al póker u otros juegos de azar?	________	________
¿Dejar que tu hijo juegue al boxeo, practique lucha libre o participe en otros juegos bruscos?	________	________
¿Traer su mascota mientras cuida a tu hijo?	________	________

¿Cuál de las siguientes acciones podría realizar tu niñera mientras cuida a tu hijo?	**Si**	**No**
¿Vigilar a tu hijo si está enfermo con un resfriado u otra enfermedad menor?	________	________

Los planes telefónicos, las membresías de gimnasios y las renovaciones del hogar tienen contratos, por lo que es incomprensible no tener un contrato con la persona responsable de cuidar a tu hijo, tu mayor tesoro. Por ello, es muy recomendable tener un acuerdo por escrito con la persona que cuida a tu hijo que incluya las estipulaciones acordadas, la tasa de pago, las horas programadas, los beneficios (si los hay) y las tareas que se espera que realice mientras trabaja.

¿Qué preguntas deberías hacer al investigar guarderías?

"Estaba lista para contratar a lo que pensé que era la niñera perfecta hasta que ella dejó escapar que no calificaba para trabajar en una escuela pública porque dio positivo en la prueba de hepatitis."

—Carol, madre de hijos de 10, 12 y 24 años

Si estás pensando en matricular a tu hijo en una guardería, no estás sola. Según la Asociación Nacional de Agencias de Recursos y Referencias de Cuidado Infantil (NACCRRA, por sus siglas en inglés), el 63 por ciento de los niños menores de cinco años de los Estados Unidos pasan tiempo de manera habitual en centros de cuidado infantil fuera de su hogar. En tu zona encontrarás varias opciones, como guarderías independientes, grandes cadenas, cooperativas e incluso algunas empresas que ofrecen prestaciones de guardería a sus empleados.

Mientras que las escuelas de educación infantil tienen un plan de estudios destinado a preparar a los niños para el primer ciclo de educación primaria, el objetivo principal de una guardería es el cuidado. En el capítulo 2 ya se han mencionado los posibles costes de la guardería y se pueden aplicar muchas de las preguntas destinadas a elegir el colegio adecuado para encontrar una guardería apropiada. A continuación, se plantean algunas preguntas para reflexionar sobre los sentimientos respecto a la matriculación del niño en la guardería y sobre cómo afrontar los gastos.

1. ¿Solo te sentirías seguro enviando a tu hijo a una guardería con licencia completa?

2. ¿Es importante que todas las certificaciones y licencias estén a disposición de los padres para que puedan consultarlas?

3. ¿Dejarías a tu hijo en un centro que no tuviera licencia, pero que contara con un gran equipo?

4. ¿El centro anima a los padres a acudir en cualquier momento?

5. ¿Te sentirás culpable por dejar a tu hijo en la guardería?

6. ¿Crees que es mejor que tu hijo pase tiempo en la guardería porque es saludable que pasen tiempo separados?

7. ¿Crees que tu hijo recibirá más estimulación mental en la guardería que en casa?

8. ¿Te resultaría difícil confiar en alguna persona del personal de una guardería?

9. ¿Te molesta que tu hijo juegue con niños desconocidos?

10. Si tu hijo empezara a portarse mal, ¿culparías a la guardería por enseñarle malos hábitos?

11. ¿Te preocupará que a tu hijo le guste más la guardería que estar en casa?

12. Si tu hijo se pone enfermo, ¿culparás a la guardería por ser antihigiénica?

13. ¿Estarías de acuerdo con enviar a tu hijo a la guardería con un resfriado leve?

14. ¿Les pedirás a tus familiares que te ayuden a pagar por una guardería?

15. ¿Cuesta más una semana de guardería de lo que ganas en una semana de trabajo?

Aunque el coste y la logística suelen ser las principales razones por las que los padres eligen una guardería, el factor más importante debería ser la confianza de que estás dejando a tu hijo en un lugar que ofrece un entorno afectuoso y enriquecedor.

Capítulo 8

La educación académica del hijo

"La gente se estresa demasiado con la educación de sus hijos, desde la guardería hasta la enseñanza secundaria. Deja que se diviertan. Deja que se caigan de rodillas. Enséñales que no siempre pueden elegir el profesor que quieren. Deja que los niños se desarrollen libremente durante los años de formación; no dejes que te vean estresado por los profesores, porque entonces estarán descontentos y se estresarán. Si alguien me hubiera dicho: '¡Donna, tu hija no tiene que estar en clases avanzadas en el noveno grado!', hoy la habría abrazada."

—Donna, madre de una hija de 20 años que asiste a UCLA

Con todo el clamor y el estrés sobre si un niño debe ir a la guardería o a qué edad debe empezar el colegio, es evidente que los padres pasan por alto el factor que más influye en el rendimiento académico de sus hijos: su propia implicación en su educación.

¿Cómo puedes ayudar a tu hijo a tener éxito académico en el futuro?

Aunque no hay garantía de que escuchar a Mozart durante el embarazo o recitar el abecedario continuamente en tu útero en expansión haga que tu hijo sea un futuro becado de Rhodes, lo que elijas hacer con él y cómo lo hagas tendrá un impacto significativo en su rendimiento académico. Para ver si va a interactuar con tu hijo de una manera que promueva resultados escolares positivos, elige la opción que más se ajuste a su comportamiento.

¿Prefieres ...

comenzar a usar tarjetas didácticas para jugar con tu hijo lo antes posible?	*o*	dejar todo ese juego de tarjetas didácticas para la maestra del jardín de infancia?
inscribir a tu hijo en el preescolar, a pesar del gasto adicional?	*o*	que tu hijo se salte el preescolar porque no es necesario o porque no merece la pena el gasto?
darle a tu hijo lecciones de música desde temprana edad?	*o*	dejar que decida por sí mismo si quiere apuntarse a clases de música en tu escuela?
pasar más horas leyendo y jugando?	*o*	pasar más horas viendo la televisión?
visitar una biblioteca o un museo al menos un par de veces a la semana?	*o*	solo visitar cuando está programada como una excursión escolar?
crea una tabla de progreso para hacer un seguimiento de los logros educativos de tu hijo?	*o*	dejar la elaboración y el seguimiento de los gráficos en manos de la escuela porque ya tienes bastante que hacer?
explicar los beneficios de tener un buen rendimiento escolar, pero nunca ofrecer un regalo a cambio de una buena calificación?	*o*	sobornar a tu hijo para que le vaya bien en el colegio?
dedicar más tiempo a ayudar a tu hijo con las tareas?	*o*	castigarlo si trae a casa un boletín de notas malo?
hacerle saber a tu hijo desde el primer día que esperas que obtenga una educación universitaria?	*o*	decirle a tu hijo que puede saltarse la universidad, que no es necesario para todos?

crear un lugar tranquilo y cómodo para que tu hijo haga los deberes y estudie?	*o*	esperar a que los haga en una habitación llena de distracciones e incomodidades?
establecer un horario regular para hacer lecciones educativas o tareas todos los días?	*o*	que tu hijo atienda sus estudios cuando le convenga?
contarle a tu hijo lo maravillosos que eran tus maestros y lo mucho que te divertiste en clase cuando eras niño?	*o*	admitir que odiabas la escuela y que te obligaron a ir en contra de tu voluntad?
enseñarle a tu hijo a respetar a sus maestros?	*o*	decirle a menudo a tu hijo que su maestra se equivoca o que no sabe de lo que está hablando?
decirle a tu hijo que todas las lecciones que se enseñan en clase tienen valor?	*o*	descartar una lección con el comentario: "No te preocupes, nunca usarás estas cosas en la vida real"?
que el horario escolar de tu hijo tenga prioridad sobre cualquier otra obligación?	*o*	que los viajes, las oportunidades laborales o las obligaciones familiares tener prioridad sobre la esquela?
repasar tus propias habilidades matemáticas o aprender un nuevo idioma con tu hijo para ayudarle con su educación?	*o*	apoyar, pero no involucrarte en las actividades escolares de tu hijo?

Si has elegido principalmente las oraciones de la izquierda, vas por el buen camino para ayudar a tu hijo a tener un buen rendimiento académico. Según estudios recientes, las tácticas autoritarias, como los sobornos, las amenazas y los castigos, pueden motivar temporalmente a un niño para que tenga un buen rendimiento en el colegio, pero a la larga resultan contraproducentes cuando el miedo o el deseo de obtener una recompensa disminuyen. La indiferencia o irreverencia hacia cualquier aspecto académico, como los profesores, las clases o la educación superior, hace que el niño sienta que la escuela no es importante o que no debe aspirar a la excelencia académica. Los padres que presentan la escuela y los estudios de manera positiva, que se involucran en las tareas y actividades escolares y que animan a sus hijos cuando tienen dificultades, suelen obtener buenos resultados.

¿Qué debes tener en cuenta a la hora de elegir colegio para tu hijo?

"La filosofía de la escuela en una generación será la filosofía del gobierno en la siguiente."

—Abraham Lincoln, 16° presidente de los Estados Unidos

Puede parecer prematuro pensar en dónde recibirá educación tu hijo cuando ni siquiera ha nacido, pero es importante recopilar información sobre las futuras opciones escolares, ya que a menudo es el motivo principal por la que los padres eligen quedarse o marcharse de un barrio. El proceso de selección de escuelas ha cambiado drásticamente y va mucho más allá de decidir entre educación pública o privada. En muchas comunidades, hay una gran variedad de opciones en cada sistema, por lo que la distinción entre ambos es casi irrelevante. Si en tu zona hay varias escuelas con diferentes precios, te resultará útil disponer de tiempo extra para investigar.

Para ayudarte a examinar las opciones académicas disponibles y mantener la cordura, utiliza el siguiente barómetro para determinar tus prioridades a la hora de elegir un programa. En resumen, ¿qué te gustaría que ofreciera la escuela ideal?

Ubicación y comodidades físicas

¿Qué importancia tiene que la escuela...	**Mucha**	**Poca**	**Nada**
se encuentre cerca de tu casa o trabajo?			
no esté cerca de una autopista principal o una calle muy transitada?			
ofrezca un buen servicio de autobús para los alumnos?			
permita que los padres dejen a sus hijos una hora antes de que comiencen las clases?			
ofrezca actividades extracurriculares para niños cuyos padres necesitan recogerlos tarde?			
tenga una buena seguridad física y cibernética?			
tenga un gran parque infantil al aire libre para correr y hacer deporte?			
computadoras y equipos actualizados en el aula?			
tenga una biblioteca bien surtida que se utilice con frecuencia?			
se encuentre en un edificio nuevo o que haya sido recientemente reformado?			

Profesorado y personal

¿Qué importancia tiene que…	Mucha	Poca	Nada
la escuela solo contrate a profesores y asistentes con títulos avanzados en educación?			
la escuela cuente con personal suficiente para supervisar las actividades del patio de recreo?			
el maestro de tu hijo permita que los padres ayuden en el aula?			
el maestro de tu hijo tenga una página web donde se puedan ver las tareas de clase y los eventos programados?			
el maestro de tu hijo pueda ser contactado fácilmente por correo electrónico o por teléfono?			
la escuela tiene una baja rotación de profesores y personal?			
te gusten todos los maestros de tu hijo?			
los profesores de la escuela tengan buenas calificaciones en línea?			
la escuela proporcione ayudantes para los estudiantes con dificultades o necesidades especiales?			
la proporción de estudiantes por profesor sea la más baja de tu zona?			

Filosofías y métodos de enseñanza

¿Qué importancia tiene que la escuela...	**Mucha**	**Poca**	**Nada**
tenga la calificación académica más alta de su área?			
dedique más tiempo a actividades académicas que a juegos o proyectos artísticos?			
¿Se hace mucho hincapié en que los estudiantes aprendan a su propio ritmo, ya que cada niño aprende de forma diferente (método Montessori)?			
siga una rutina predecible que ponga el énfasis en el aprendizaje creativo dentro de un grupo (método Waldorf)?			
promueva la colaboración de padres y alumnos en clase y con las tareas (método Reggio Emilia)?			
tenga un programa bilingüe e imparta clases sobre otras culturas?			
programe excursiones a museos u otros entornos de enseñanza con frecuencia?			
sirva almuerzos saludables y promueva un campus ecológico?			
enseñe música?			
no permita actividades relacionadas con la religión, como fiestas de Navidad, yoga u oración en clase?			

Compañeros de clase

¿Qué importancia tiene que…	Mucha	Poca	Nada
tu hijo se matricula en el mismo colegio que la mayoría de sus amigos del barrio?			
la escuela tenga una población estudiantil diversa?			
evites una escuela donde muchos estudiantes no hablan tu idioma?			
la escuela sea unipersonal?			
los compañeros de clase de tu hijo procedan de familias tan ricas o más que la tuya?			
la escuela tenga una política de tolerancia cero hacia el acoso?			
la escuela tenga una política de enviar a casa a los niños enfermos o contagiosos?			
haya un alto grado de estudiantes superdotados en tu clase de niño?			
la escuela tenga una baja incidencia de peleas en el patio de recreo?			
la escuela no traiga niños de barrios lejanos y con pocos recursos?			

¿Qué tipo de escuela sería la más adecuada para tu familia?

Con el desarrollo de las escuelas magnéticas y de contrato en el sistema educativo público, la línea que separa la educación pública de la privada se ha difuminado. Los estudiantes de las escuelas privadas ya no tienen garantizado un mejor rendimiento que los de las escuelas públicas, y estas pueden ser administradas de forma independiente a las juntas gubernamentales y la burocracia, un privilegio que antes estaba reservado solo a las instituciones privadas.

Una vez que se eliminan estas distinciones, la decisión de enviar a tu hijo a una escuela pública o privada, o de educarle en casa, se reduce a una cuestión de finanzas o preferencia personal.

¿Preferirías matricular a tu hijo en una escuela pública?

"La ventaja de enviar a tu hijo a una escuela pública es la tecnología. Puedes consultar, investigar y encontrar todo tipo de información sobre el centro en Internet. Quiero decir que los profesores solo pueden decirte hasta cierto punto. Me gusta greatschools.org. Con todas estas maravillosas herramientas, ¿por qué no aprovechar lo que apoya el dinero de nuestros impuestos?"

—Carol, madre de tres hijos de 25, 12 y 10 años

1. ¿Crees que es importante apoyar la enseñanza pública?

2. ¿Estarías de acuerdo con la afirmación: "Ya pago la escuela con mis impuestos, ¿por qué ir a otro sitio?

3. ¿El rendimiento de tu escuela pública local es mejor que el de una escuela privada cercana?

4. ¿Te sentirás más involucrado con tu comunidad si envías a tu hijo a una escuela pública?

5. Si tu hijo reuniera los requisitos, ¿lo enviarías a una escuela pública para niños con talento que estuviera a horas de casa?

6. ¿La escuela pública tiene un buen programa para niños con necesidades especiales en caso de que tu hijo lo necesite?

Si respondió "sí" a la mayoría de las preguntas anteriores, entonces, una escuela pública puede ser la opción perfecta para tu familia. Aunque por ley las escuelas públicas deben aceptar a todos los niños, las escuelas con programas para superdotados o con necesidades educativas especiales pueden basar la admisión en los resultados de la lotería, en listas de espera o en un proceso de solicitud complicado. Por tanto, es importante que comiences tu investigación con antelación para conocer los requisitos y plazos de presentación.

¿Preferirías matricular a tu hijo en una escuela privada?

"Mi esposo dijo que estaba impresionado con mis valores y asumió que los había aprendido en el colegio privado y católico al que asistí, así que eso es lo que quería para mis hijas. Mencioné los costes, pero nunca supusieron un problema para él, ya que era muy importante que ellas recibieran una educación similar a la mía. En retrospectiva, me alegro de que insistió. Que haya ido a un colegio católico ha hecho que mi hija sea una persona más fuerte. Una de mis hijas tenía ansiedad por separación en la guardería. Cuando empezó el colegio de primaria, los profesores y un grupo de estudiantes se reunieron para asegurarse de que estuviera bien cuidada. No creo que hubiera conseguido eso en la escuela pública porque no tienen suficientes recursos para centrarse en un solo

estudiante. Además, los profesores tienen más restricciones y su interacción con cada alumno es limitada."

—Tiffany, madre de dos hijas de 5 y 9 años

Para algunos, el término "escuela privada" evoca imágenes de monjas con reglas o niños con uniformes. Es posible que haya escuelas que se ajusten a esa descripción, pero no todas lo hacen. Hay escuelas no religiosas que se centran en diferentes teorías y métodos de aprendizaje, que hacen hincapié en las artes o que trabajan exclusivamente con niños con discapacidades. La opción más evidente para los padres que quieren que la escuela de sus hijos siga una línea específica son las escuelas privadas. Las siguientes preguntas te ayudarán a determinar si tus necesidades se atenderán mejor en una escuela financiada y administrada de forma privada.

1. ¿Prefieres una escuela que se centre específicamente en las artes o en las ciencias?

2. ¿Quieres una escuela que ofrezca instrucción religiosa y académica?

3. ¿Quieres una escuela con las clases más reducidas de la zona?

4. ¿Te sientes cómodo participando con frecuencia en campañas de recaudación de fondos y subastas benéficas?

5. ¿Las escuelas públicas de tu zona están mal administradas o tienen calificaciones académicas sustancialmente más bajas que las escuelas privadas?

Si has respondido "sí" a las preguntas anteriores, es posible que una escuela privada forme parte del futuro de tu hijo. Con frecuencia, los padres citan el coste como el principal obstáculo para matricular a sus hijos en el centro privado que desean. Sin embargo, muchas instituciones ofrecen ayuda financiera o son gratuitas. Los padres también mencionan el bajo rendimiento de las escuelas públicas como una de las razones principales para elegir la enseñanza privada. Si ese es el ambiente en tu barrio, compruébalo por ti mismo. Muchas zonas han mejorado sus escuelas, que cuentan con excelentes profesores y programas de estudio sólidos. En resumen, no tomes una decisión basándote únicamente en rumores. El dinero que puedes ahorrar en la educación temprana de tu hijo podría servir para financiar sus estudios universitarios en el futuro.

¿Preferirías escolarizar a tu hijo en casa?

"¿Qué se necesita para educar en casa? Dedicación y tiempo. La dedicación significa tener la voluntad de buscar lo que mejor funciona para ti y para tu hijo, al tiempo que reconoces las habilidades únicas de ambos. Luego, tómate el tiempo necesario para aplicar tus opciones y reevalúa según sea necesario. Al principio, lo que un educador en el hogar debe recordar es que somos los expertos de nuestros hijos. Por lo tanto, aunque las formas en que educo en casa puedan no sonar muy bien para un padre, podrían ser justo lo que otro padre está buscando."

—Rocío, madre de una hija de 15 años esgolizada en casa y de un hijo de 24 años esgolizado en la escuela pública

Por muchas de las mismas razones por las que algunos padres optan por escolarizar a sus hijos en centros privados (mejor ambiente, instrucción religiosa), un número creciente de padres preferirá educar a sus hijos en casa. La abundancia de materiales académicos, planes de lecciones, cooperativas de educación en el hogar y grupos de apoyo disponibles muestra que hay muchos recursos para satisfacer la demanda. Para ver si estás preparado para el desafío de educar a tu hijo en casa, responde a las siguientes preguntas:

1. ¿Estás dispuesto a dedicar una buena parte de tu tiempo a crear planes de lecciones y organizar excursiones educativas para tu hijo?

2. ¿Tienes recursos para comprar material escolar, material didáctico y pagar entradas a museos y otras actividades?

3. ¿Hay otros niños educados en casa en el vecindario con los que podría organizar proyectos grupales, juegos o actividades sociales?

4. ¿Asistirás regularmente a conferencias educativas para actualizar y mejorar constantemente tus habilidades docentes?

5. ¿Contratarás tutores, buscarás una cooperativa o programas de instrucción en línea para que te ayuden a educar a tu hijo en aquellas materias en las que no te sientes lo suficientemente informado como para enseñar?

Si has respondido "sí" a las preguntas anteriores, es posible que tengas lo necesario para convertirte en el director o la maestra de tu propia clase en casa. El coste y el tiempo que requiere la educación en el hogar sorprenden a algunos padres, pero la mayoría reconoce que merece la pena el esfuerzo. Aunque solo sea por unos pocos años, poder controlar totalmente el progreso académico de tu hijo y trabajar con él de forma individualizada no tiene precio.

La disponibilidad de escuelas varía mucho de una zona a otra del país. En las zonas menos pobladas, no es raro que haya una sola escuela a la que acuden todos los niños de los alrededores. En las grandes ciudades, por otro lado, hay tantas opciones que los padres solicitan plaza frenéticamente en varias escuelas y academias, con la esperanza de conseguir un lugar en uno de los muchos campus más codiciados. Si estás debatiendo entre dos o más escuelas, la tabla comparativa de abajo puede ayudarte a decidir.

Cuadro comparativo de escuelas

Qué escuela posee las siguientes cualidades:	**Escuela A**	**Escuela B**	**Escuela C**
¿El más económico?			
¿Lo más amigable logísticamente?			
¿La mejor seguridad y la más segura?			
¿Tiene el nivel académico más alto?			
¿El campus más bonito y las instalaciones mejor cuidadas?			
¿La mejor proporción de estudiantes por maestro?			
¿Padres más involucrados?			
¿Profesores mejor valorados?			
¿Más concurridos por niños del barrio?			

Qué escuela posee las siguientes cualidades:	**Escuela A**	**Escuela B**	**Escuela C**
¿Método de enseñanza preferido?			
¿Los mejores programas extracurriculares?			
¿La mayoría de los programas de necesidades especiales?			

Lista de verificación para la inscripción escolar.

¿Tienes todo lo necesario para inscribir a tu hijo en la escuela?

- ☐ Acta de nacimiento o partida de bautismo del niño.
- ☐ Comprobante de residencia (factura de servicios públicos, registro de votante, declaración notariada).
- ☐ Registro de las vacunas de tu hijo.
- ☐ Foto de tu hijo para identificación.
- ☐ Lista de las alergias o afecciones médicas de tu hijo (si las hubiera).
- ☐ Lista de nombres y números de teléfono de contactos de emergencia.
- ☐ Nombres y fotografías de identificación de las personas autorizadas para recoger a tu hijo del colegio.
- ☐ Tu número de Seguro Social y el de tu hijo.
- ☐ Comprobante de ingresos o una declaración de impuestos que demuestre la elegibilidad para los programas de comidas escolares.
- ☐ Prueba de que tu hijo no necesita gafas o audífonos para ver y oír correctamente al profesor durante la clase.

Capítulo 9

La identidad e integridad

"Para mí, los modelos a seguir son personas reales de mi vida que conozco de verdad. Creo que mis hijas admiran a personas de su entorno: a su padre, a su sobrina, a sus primos, a los hijos de mi hermano... Me parece que los niños miran justo frente a ellos. No ven a una persona mayor en un libro como alguien a quien imitar."

—Michelle Obama, 44.ª primera dama de los Estados Unidos

Pronto te darás cuenta de que tu hijo tiene su propia mente y personalidad. No son un bloque de arcilla que puedas moldear exactamente como tú quieras. Miguel Ángel dijo una vez sobre su famosa escultura David: "Vi al ángel en el mármol y lo tallé hasta liberarlo". El tiempo y la experiencia serán el martillo y el cincel que liberarán la individualidad de tu hijo. Al igual que el artista, el papel de los padres es lijar los bordes ásperos, reparar las grietas y pulir para que el producto final pueda brillar.

¿Qué herramientas utilizarás para convertir a tu hijo en un niño seguro, con valores y buenas maneras? ¿Tratarás de influir en tu hijo en función de su género, etnia o tus propias filosofías?

¿Tratarás a tu hijo de manera diferente según su género?

"¿Trato a mi hijo y a mi hija de manera diferente? ¡Claro que sí! ¿Quién no? Creo que con un chico y una chica tienes lazos y amor diferentes, pero no es que ames a uno más que al otro,

ambos son muy especiales. Pero soy mucho más suave con mi hijo. Con mi hija tengo menos paciencia. No sé por qué, pero creo que no soy tan dura con mi hijo como con mi hija. Mi esposo, sin embargo, es más duro con él que con ella. ¿Quizás es algo universal? Sin duda, me atraen más las cosas que hago con mi hija porque es una niña. Pero creo que en la relación madre-hijo quieres que te miren o crees que te miran como a la mujer con la que quieren estar más adelante."

—Jami, madre de un hijo de 7 años y una hija de 4 años

¿Serías un blandengue con un hijo, pero un dictador con una hija? Es muy fácil decir que serás neutral en cuanto al género, pero ¿qué pasaría si tu hija se echara para atrás al ver una muñeca princesa o si tu hijo suspirara por un juego de té en lugar de por un camión de juguete? Las preferencias en cuanto a juguetes pueden resultar fáciles de descartar, pero ¿qué pasaría si intentas unirte a través de rituales tradicionalmente asociados a un sexo, como peinar el cabello de tu hija o enseñar a batear a tu hijo? Incluso si manejas bien estas situaciones en casa, ¿seguirás respaldando los deseos de tu hijo si el resultado es que sea objeto de burlas implacables en el colegio?

Para ver si el sexo de tu hijo marcará una diferencia en su comportamiento, selecciona la opción que mejor se adapte a lo que permitirás según el sexo de tu hijo.

Harás lo siguiente:	**Sí Si es niño**	**Sí Si es niña**	**No Si es niño**	**No Si es niña**
¿Le darás a tu hijo/a pistolas de juguete u otras armas de juguete para jugar?				
¿Dejarás que tu hijo/a vea películas de cuentos de princesas?				
¿Te enojarás si tu hijo/a se disfraza con uno de tus vestidos y tacones altos?				
¿Te enojarás si tu hijo/a juega a disfrazarse con ropa de hombre?				
¿Estarás de acuerdo si tu hijo/a se une a un equipo de hockey?				
¿Te sentirás molesta si le dan a tu hijo/a un kit de decoración de pasteles?				
¿Le enseñarás a tu hijo/a a coser o tejer?				
¿Apuntarás a tu hijo/a en una clase de ballet?				
¿Regañarás a tu hijo/a por pegar a una niña?				
¿Regañarás a tu hijo/a por pegar a otro niño?				
¿Disuadirás a tu hijo/a de jugar a videojuegos de combate intensivos?				
¿Te sentirás molesta si tu hijo/a quiere purpurina y plumas en sus atuendos?				

Harás lo siguiente:	**Sí Si es niño**	**Sí Si es niña**	**No Si es niño**	**No Si es niña**
¿Dejarás que tu hijo/a nade desnudo/a en público?				
¿Permitirás pernoctaciones en casa de un compañero de clase del mismo sexo?				
¿Permitirás pernoctaciones en casa de un compañero de clase del sexo opuesto (con la supervisión de los padres, por supuesto)?				
¿Inscribirás a tu hijo/a en clases de Tae Kwon Do para ver si le gusta el deporte?				
¿Le darías a tu hijo/a hormonas de crecimiento si la pediatra te dijera que solo llegaría a medir 1,50 m de altura?				
¿Criarás a tu hijo/a para que sea muy robusto y amante de las actividades al aire libre?				
¿Vestirás a tu hijo/a para una fiesta con ropa que le impida trepar a los árboles o hacer deporte?				
¿Detendrás a tu hijo/a cuando esté peleando con un amigo o hermano?				
¿Le dirás a tu hijo/a que está bien llorar cuando se cae o tiene miedo?				
¿Jugarás más revoltoso con tu hijo/a?				

La crianza de género neutro puede ser lo ideal, pero es difícil de lograr. Intenta comprar productos para tu hija que no sean de color rosa o morado. Perpetuar los estereotipos de género tiene más que ver con suprimir o fomentar los comportamientos que tu hijo empieza a mostrar que con analizar dónde compras.

¿Cómo fomentarás la identidad racial y cultural de tu hijo?

"La escuela pública es un crisol de culturas, por lo que es fácil perder la identidad cultural. No somos religiosos, pero envío a mis hijos a la escuela hebrea. Es importante saber quiénes somos y de dónde venimos. No concibo que mis hijos no sepan que sus bisabuelos sobrevivieron al Holocausto o que esta parte de la historia no sucedió."

—Dorit, madre de tres hijos de 3, 9 y 11 años

Es posible que sientas que la raza y la cultura están inextricablemente entrelazadas, arraigadas en tu ADN y transmitidas a tu hijo junto con tus cromosomas. Tal vez simplemente quieras mantener ciertas tradiciones culturales, independientemente de los cambios geográficos, generacionales e incluso étnicos que pueda experimentar tu incipiente familia. ¿Transmitirás los comportamientos y creencias de la cultura en la que creciste o que adoptaste de adulto? Para saber lo importante que es esto para ti, hazte las siguientes preguntas:

1. ¿Revisarás las tradiciones culturales con las que creciste para decidir cuáles transmitir a tu hijo y cuáles ignorar?

2. ¿Hay eventos culturales o tradiciones que tu familia inmediata sigue actualmente, pero en los que no quieres que participe tu hijo?

3. ¿La tradición cultural que practicará tu hijo será muy diferente a la de su entorno?

4. ¿Crees que es importante que un niño aprenda sobre la cultura de sus antepasados?

5. Si tu hijo tiene varias nacionalidades, ¿es importante que aprenda sobre todas las culturas o solo sobre algunas?

6. ¿Prefiere que tu hijo desarrolle su propia identidad cultural basada en su geografía, ubicación y experiencias personales?

7. Si en tu cultura se da un trato preferencial a los hijos varones frente a las hijas o al hijo mayor frente al resto de hermanos, ¿vas a continuar con esta tradición?

8. ¿Hay alguna práctica cultural con la que te criaste y que no te gusta, pero que sigues para mantener la paz con otros miembros de tu familia o compañeros?

9. Si fueras birracial, ¿cómo te sentirías si tu hijo se relacionara más con un solo lado de su composición racial?

10. ¿Cómo te sentirías si tu hijo no mostrara interés por su herencia cultural o racial o tratara de distanciarse de ella?

No te desanimes si tu hijo no muestra interés por las tradiciones culturales que a ti te gustan. Es posible que las valore más adelante. La reconocida psiquiatra del desarrollo Jean S. Phinney cree que la identidad étnica de una persona se forma en distintas etapas. Los niños aceptan las normas culturales que les enseñan sus padres sin cuestionarlas. A medida que maduran y se convierten en adolescentes y, posteriormente, en adultos jóvenes, las cuestionan, comparan y desarrollan una perspectiva cultural e identidad étnica seguras.

¿Qué papel tendrán la religión y la espiritualidad en la educación de tu hijo?

"Fue nuestro hijo quien nos inspiró para ser más espirituales. En quinto de primaria, decidió bautizarse en nuestra iglesia local y tomó muy en serio su elección. Sintió la llamada de seguir un camino espiritual. Nunca nos predicó a su hermano ni a su hermana, pero su comportamiento tan positivo y acogedor nos atrajo a todos hacia él y sus creencias. Su fuerte y temprano compromiso aumentó exponencialmente nuestra participación y compromiso."

—John y Patrice son padres de tres hijos: una hija de 18 años y dos hijos de 24 y 21 años, respectivamente

Existe la tendencia popular de dejar que un niño decida por sí mismo qué papel tendrá la religión en su vida, pero esta decisión no se tomará en el vacío. La forma en que los padres expresen sus opiniones sobre la asistencia a la iglesia, las distintas denominaciones y la doctrina será absorbida por el niño e influirá en su proceso de toma de decisiones.

Los padres que desean transmitir su fe a sus hijos tendrán muchas oportunidades de enseñarles, ya que los niños sienten una curiosidad natural por Dios, los ángeles, el cielo y otros temas espirituales. La espiritualidad también se puede fomentar sin necesidad de suscribirse a una religión específica, para aquellos padres que no se sienten cómodos con la religión organizada.

La fe y la espiritualidad, ya sea inspirada en la Biblia, el Corán o la naturaleza, permiten a un niño confiar en cosas que aún no puede entender y le dan un sentido de propósito para hacer el bien y tomar decisiones positivas y éticas. Estar seguro de tus propias creencias espirituales te ayudará a responder a las inevitables preguntas teológicas de tu hijo. y vivir de acuerdo con estas convicciones le mostrará que la teología no son solo oraciones y símbolos, sino una forma de vida.

Responde a las siguientes preguntas para aclarar las filosofías espirituales que transmitirás a tu hijo:

1. ¿Qué importancia tiene para ti que tu hijo siga una religión concreta?

2. ¿A qué edad (si es que lo haces) comenzarás a darle a tu hijo instrucción religiosa formal?

3. ¿Qué concesiones harás a la hora de enseñarle religión a tu hijo si tú y tu pareja tenéis credos diferentes?

4. Si no perteneces a ninguna comunidad religiosa, ¿buscarás una iglesia o grupo espiritual para que la religión forme parte de la educación de tu hijo?

5. ¿Crees que es aceptable participar en rituales religiosos (como el bautismo o el bar mitzvah) pero no asistir a los servicios de culto semanales?

6. ¿Animarás a tu hijo a socializar solo con niños de tu misma religión?

7. Si no quieres que tu hijo crezca con la religión, ¿cómo vas a responder a las preguntas que tendrá sobre la vida después de la muerte, Dios y las festividades basadas en la fe, como la Navidad?

8. ¿Promoverá la espiritualidad (meditación, amor y respeto por todos los seres vivos), pero no respaldará ninguna religión formal?

9. Si quieres que tu hijo descubra la religión por sí mismo, ¿te opondrás si se une a una secta o fe que no te guste cuando sea adolescente?

10. Si tu hijo recibiera una invitación para asistir a un acto religioso en una iglesia de otra religión, ¿le dejarías ir?

La reverencia y el amor por un ser superior han sido el catalizador de muchas cosas buenas y malas a lo largo de la historia de la humanidad. Debemos a nuestros hijos, a nosotros mismos y al mundo entero utilizar la religión solo como promotora del amor, la tolerancia, el perdón y el respeto. Utilizar la religión para enseñar a un niño a odiar, juzgar o despreciar a los demás va en contra de los principios de prácticamente todas las religiones.

¿Cómo le enseñarás a tu hijo a ser honesto?

Tus normas serán claras: mentir está mal. Y, si eres como cualquier buen padre que recurre al miedo, le contarás la sangrienta historia del niño que gritó "¡lobo!" para hacerle entender el mensaje. Mientras agitas los brazos e imitas los gritos para conseguir un mayor efecto, sonará el teléfono. Sin perder el ritmo, responderás: "Diles que no estoy en casa". ¿Está bien decir una pequeña mentira piadosa cuando se intenta enseñar a un hijo a ser honesto?

A continuación, se muestran algunas de las mentiras piadosas y engaños sociales más habituales entre los padres. Es posible que hayas escuchado algunas de ellas de tus propios padres en tu juventud, pero ¿cuáles se las repetirás a tu hijo?

¿Cuál de las siguientes mentirijillas le dirías a tu hijo?

	Aceptable	**Evitar**
"Si te las tragas, de tu estómago crecerá una enredadera."	________	________
"Papá Noel, el Hada de los Dientes, el Conejo de Pascua, etc., solo regalan a los niños buenos."	________	________
"No puedes ver vídeos, mi teléfono, o la tele o la tableta porque está roto, perdido, o sin batería" (cuando funciona muy bien).	________	________
"Tus muñecas se escaparon porque las dejaste por todo el suelo."	________	________
"Si no te portas bien, la policía te llevará."	________	________
"Te resfriarás si no te pones una chaqueta."	________	________
"Se nos acabó el pastel y las galletas" (Los escondiste para ti).	________	________

	Aceptable	**Evitar**
"Si te chupas el pulgar o te tocas los genitales, se caerán."	________	________
"Se te caerán los dientes si te comes ese caramelo."	________	________
"Si pides un deseo y soplas las velas, se hará realidad."	________	________
"Un pajarito me dijo que habías roto el jarrón."	________	________
"Cuando el camión de helados pone música, es que se han acabado los helados."	________	________

George Bernard Shaw dijo una vez: "Debemos convertir el mundo en un lugar honesto antes de enseñar a nuestros hijos que la honestidad es la mejor política." ¿Podrías estar enseñando a tu hijo a ser deshonesto sin darte cuenta? Quizás tus mejores intenciones se están viendo comprometidas si te encuentras respondiendo. "sí" a muchas de las siguientes preguntas:

¿Es aceptable...?

1. ¿Mentir sobre la edad de tu hijo para conseguir billetes más baratos?

2. ¿Le dirías a tu hijo que, si el árbitro no lo ve, no importa?

3. ¿Es aceptable decirle a una maestra que tu hija faltó a clase porque estaba enferma, cuando en realidad fuiste a visitar a unos parientes?

4. ¿No devuelve el chocolate que tu hijo robó de una tienda porque está demasiado cansado para conducir de regreso?

5. ¿Llevar comida al cine a escondidas en lugar de comprar bocadillos en el puesto de comida?

La mentira piadosa que se dice porque la verdad no es apropiada para la edad (por ejemplo, describir a la amante de tu hermano como una "amiga") o porque resulta demasiado molesta (decir que "Peludo se fue a vivir a una granja" cuando en realidad fue atropellado por un coche a gran velocidad) es aceptable. La mayoría de las veces, a los padres y a los hijos les conviene más convertir la verdad en un momento de enseñanza; por ejemplo, decir "levantar una rana puede lastimar al animal" en lugar de perpetuar el mito de que tocar una rana causa verrugas. Lanzar mentiras piadosas de forma generosa o, peor aún, ser deshonesto con tu hijo para obtener un beneficio personal enviará un mensaje claro de que mentir está bien, especialmente si al final se obtiene un beneficio. La mejor manera de fomentar la sinceridad en tu hijo es elogiar la honestidad, incluso cuando no le guste la respuesta ("Sí, mami, derramé cacao en la alfombra blanca"), y actuar con honestidad, incluso cuando no sea lo más fácil.

¿Cómo le enseñarás a tu hijo a ser justo y equitativo?

Como adulto, eres consciente de las terribles desigualdades e injusticias que los dictadores y gobiernos despiadados imponen a las personas. Sin embargo, para tu hijo, no hay mayor injusticia en el mundo que no poder cenar helado. Y no solo eso. Verá cómo otros niños obtienen porciones más grandes de pizza y cómo le quitan los juguetes a la hora de la cena. Es mucho para que su pequeño corazón lo soporte. Para prepararse para la inevitable situación de tener que actuar de juez, jurado y embajador de la paz de su hijo, practique respondiendo a las preguntas más habituales que le puedan hacer:

¿Qué harás cuando tu hijo te diga...

"¡No es justo! ¿Por qué…

1. ella recibió un pedazo de pastel más grande que yo?"
2. él puede meterse en la cola cuando yo estuve aquí primero?"
3. ella puede usar esmalte de uñas y yo no?"
4. le regalaron una bicicleta nueva para Navidad y a mí no?"
5. la maestra no castigó a mi compañero por romper mi juguete?"
6. no me invitaron a la fiesta?"
7. me están castigando cuando no comencé la pelea?"
8. no puedo jugar a 'Muerte y desmembramiento' (un juego que has prohibido) como todos mis amigos?"
9. no me eligieron para estar en el equipo?"
10. tengo que ir a la iglesia cuando papá se queda en casa?"

Enseñar justicia en un mundo injusto ya es bastante difícil, pero ¿podría mostrarle a tu hijo que inclinar la balanza es un comportamiento aceptable respondiendo "sí" a cualquiera de las siguientes preguntas?

¿Podrías estar enviando a tu hijo mensajes contradictorios sobre la justicia al...

1. celebrar o admirar a personas reales o personajes de televisión que ignoran descaradamente las reglas o son celebrados por infringir la ley?

2. cortar al frente de la fila porque el empleado del mostrador es tu amigo y lo permitirá?

3. castigar a tu hijo por llegar tarde a la cena, a pesar de que tú llegas crónicamente tarde a las citas y funciones?

4. insistir en recibir un trato especial en eventos o restaurantes porque eres rica u ocupas un alto cargo en una organización?

5. hacer comentarios de que ciertos grupos de personas no merecen los mismos derechos que tu grupo de pares?

Ser justo y equitativo significa más que repartir porciones del mismo tamaño y no tomarse un turno adicional en las damas. Los padres son responsables de ser honestos y equitativos, pero también de enseñar a sus hijos a conocer la diferencia entre la intolerancia (no poder unirse a un equipo por motivos religiosos) y la mala suerte o los malos hábitos (no poder unirse porque no se cumplió la fecha límite de inscripción). Serás el ejemplo de tu hijo sobre cuándo hay que hablar en contra de la injusticia y cómo hay que aceptar con gracia los momentos en los que la suerte no está de nuestro lado.

¿Cómo enseñarás a tu hijo a ser responsable?

La responsabilidad personal implica, entre otras cosas, limpiar después de uno mismo, terminar las tareas del hogar y saber controlar los arrebatos emocionales. Probablemente no conozcas a muchos adultos que se ajusten a esta descripción. Entonces, ¿cómo puedes inculcar estas escasas cualidades a tu hijo? Una buena técnica es asignarle tareas y responsabilidades cuando sea lo suficientemente maduro y tenga la capacidad física necesaria para llevarlas a cabo.

¿Cuántas tareas incluirás en la lista de tareas pendientes de tu hijo para asegurarte de que aprenda la valiosa cualidad de la autosuficiencia? Para hacerte una idea, pon "Si" en la columna de las tareas que le vas a asignar y la edad que consideras adecuada para que asuma esa responsabilidad.

Lista de tareas	**Asignar**	**Edad**
Guardar los juguetes después de jugar con ellos o al final del día	________	________
Limpiar su habitación por sí mismo	________	________
Bañarse y lavarse los dientes por sí mismo	________	________
Regar las plantas	________	________
Poner la ropa en el cesto o guardar la ropa sucia	________	________
Limpiar o ayudar a poner la mesa para la cena	________	________
Hacer su propia cama	________	________

Lista de tareas	**Asignar**	**Edad**
Alimentar a una mascota	________	________
Limpiar cualquier derrame que haya podido causar	________	________
Elegir su propia ropa y vestirse solo	________	________

Es tan importante asignar las tareas como ser pacientes mientras tu hijo aprende a hacer bien el trabajo. Cometerá errores y es posible que las cosas no salgan perfectas, pero tu hijo se beneficiará al ver tu propia mejora con el tiempo y la edad. Menospreciar los esfuerzos de tu hijo es una forma de desalentar la responsabilidad personal, al igual que enviar mensajes contradictorios.

Las acciones siempre han hablado más que las palabras. Si bien todos quieren un niño responsable y autosuficiente, los padres pueden, sin saberlo, negar cualquier instrucción con tus propios hábitos.

¿Podrías estar enviando a tu hijo mensajes contradictorios sobre la responsabilidad al...

1. dejar tu ropa tirada por todo el suelo o apilada encima de los muebles?

2. quejarte a diario por no poder mantenerte en dieta, dejar de fumar o ahorrar dinero?

3. culpar a los demás de forma habitual por fracasos o errores?

4. ser una procrastinada crónica y dejar proyectos a medias antes de empezar otro?

5. dejar que las plantas mueran por olvido o negligencia?

Será difícil para un padre inculcar la responsabilidad personal y la autodisciplina si un niño ve que su padre, a quien ama, no pone en práctica lo que predica.

¿Cómo enseñarás a tu hijo a ser respetuoso?

El respeto no es una obediencia ciega, sino una muestra de aprecio por la integridad de todas las cosas, tanto inanimadas como vivas. Los modales son una muestra externa de respeto y empatía. Los modales que enseñes a tu hijo dependerán de tu cultura y preferencias personales. La educación en buenos modales puede comenzar cuando el niño empiece a hablar y, según las abuelas de todo el mundo, debe repetirse a lo largo de toda la vida.

¿Cuál de las siguientes opciones le exigirás a tu hijo?

Costumbre	**Obligatorio**	**A Veces**	**Innecesario**
Cuando t está con adultos o en público:			
Utilizar "Disculpe", "Por favor", "Gracias "			
Diríjase a los adultos como "Señora __" o "Señor __"			

Costumbre	**Obligatorio**	**A Veces**	**Innecesario**
No hablar a menos que se le hable			
Ceder su asiento a un adulto			
Nunca contestar a un adulto			
No mirar el teléfono cuando le hablen			
No mirar el teléfono durante la hora de la comida			
Esperar a que todos estén sentados y servidos antes de que empiece a comer			
Comer con la boca cerrada y no hablar con la boca llena			
No comer de los platos de los demás			
Comer todo lo que hay en su plato			
Dejar un poco de comida de "cortesía" en su plato			
No leer, llevar juguetes o juegos a la mesa durante las comidas			

Costumbre	Obligatorio	A Veces	Innecesario
Solo levantarse de la mesa con permiso			
Mientras practica deportes o juega con otros:			
No acaparar la pelota ni saltarse el turno			
No presumir cuando se gana			
No lloriquear ni quejarse al perder un juego			
Seguir las reglas			
Felicitar al equipo o jugador ganador			
Agradecer a los entrenadores o árbitros después del partido			
Con animales y los bienes personales del niño:			
No dañar ni destruir los juguetes propios			
Devolver los juguetes prestados en las mismas condiciones en las que se recibieron			

Costumbre	Obligatorio	A Veces	Innecesario
No permitir la crueldad con ningún animal o insecto (tirar piedras a los pájaros, quemar insectos, etc.)			
No pegar ni maltratar a las mascotas			

Los buenos modales son una excelente manera de enseñarles a respetar, pero si los padres no les explican que el objetivo es honrar los sentimientos, la propiedad y la posición social de los demás, no son más que gestos vacíos.

¿Podrías estar enviando mensajes contradictorios a tu hijo sobre el respeto si...

1. con frecuencia haces comentarios en los que te refieres a la policía, los maestros o los entrenadores como idiotas?

2. te quejas en voz alta de la comida que te sirven en casa o en un restaurante?

3. hablas en voz alta en el cine, la biblioteca u otros lugares donde se pide silencio?

4. insultas o respondes con mal genio a tus propios padres, aunque no toleres ese comportamiento de tu hijo?

5. escribes en los libros de la biblioteca o arrancas páginas de revistas comunitarias?

Curiosamente, los padres a menudo se excluyen del grupo de personas que merecen respeto al permitir que sus propios hijos les peguen, les griten o les ignoren. Está bien animar a un niño a cuestionar la autoridad cuando alcanza la edad del pensamiento crítico. Sin embargo, nunca se deben fomentar los insultos ni las burlas hacia nadie, sea o no una persona con autoridad.

¿Cómo puedes enseñar a tu hijo a ser compasivo?

Enseñar a los niños la regla de oro implica algo más que mostrarles que no deben pegar a sus compañeros y que deben pedir perdón cuando lo hacen. Los actos aleatorios de bondad y generosidad enseñan a un niño que el mundo no gira en torno a él y que el altruismo es el sello distintivo de una sociedad civilizada.

Los niños tienen una capacidad innata para mostrar amor y bondad, aunque a veces parezca que no existe mientras estás soportando la etapa del "yo, yo, yo" y "mío, mío, mío" de tu hijo pequeño. A medida que pasan los años y aumentan las exigencias para lograrlo, es común que la práctica de actos de compasión quede en el camino. Sin embargo, los padres no deben vacilar. Como dijo una vez el Dalai Lama: "Si quieres que los demás sean felices, practica la compasión. Si quieres ser feliz, practica la compasión."

Para enseñarle compasión, ¿insistirás que tu hijo ...

1. elija algunos de sus juguetes para donar a los necesitados?

2. cree paquetes de ayuda para los necesitados?

3. sea voluntario en un banco de alimentos?

4. ayude a un grupo ambientalista con un proyecto de limpieza o preservación?

5. invite a amigos de otras culturas a tu casa?

6. perdona abiertamente a alguien que puede haber herido sus sentimientos?

7. visite a alguien en el hospital?

8. pida disculpas si hace llorar a otro niño o le quita su juguete?

9. proteja a un niño (notificando a un maestro) que está siendo acosado?

10. comparta sus juguetes con otros niños?

La compasión en los niños pequeños debe cultivarse dando un buen ejemplo y fomentando la benevolencia.

¿Podría estar enseñando a tu hijo a ser cruel al...

1. desestimar su comportamiento cuando se burla de un niño discapacitado?

2. gritar y colgar el teléfono a la gente con regularidad durante las conversaciones?

3. decir que dar dinero a los mendigos solo apoya su adicción a las drogas?

4. comentar que las personas que reciben asistencia social o subsidios de desempleo son flojas y no quieren trabajar?

5. hacer comentarios despectivos sobre los niños de bajos recursos que reciben ayuda especial del gobierno?

Seamos sinceros: donar dinero o ropa que ya no queremos, o escribir un cheque, es mucho más fácil que humillarte por el bien de los demás. Si crees que basta con ofrecerte como voluntaria en una dispensa de alimentos para los pobres con tu hijo durante las fiestas o la Cuaresma, pero luego, haces comentarios frecuentes y despectivos sobre las madres que utilizan la asistencia del gobierno para alimentar a sus familias, es muy probable que estés anulando cualquiera de tus actos de compasión. Piénsalo de nuevo. El objetivo de un padre no debe ser tachar de una lista de comportamientos benévolos, sino criar a un hijo compasivo.

Capítulo 10

La disciplina

"Gritar no ayuda. Lo descubrimos desde el principio. La ira solo empeora las cosas y hace que todos se enfaden. Mi consejo es que, una vez que descubras qué es lo que más les gusta, lo utilices como herramienta para que hagan su parte: mantener su habitación limpia, hacer la tarea, etc. Simplemente negarles el objeto deseado como castigo solo los enfada, así que es mejor decirles algo como: 'Recojamos esto rápidamente y luego puedes volver a jugar'. Hay que establecer límites y, la mayoría de las veces, los respetarán. La disciplina es un proceso que requiere mantenimiento."

—Brian es padre de cuatro niños de entre 7 y 15 años

¿Qué pasaría si pudiéramos educar a un niño como a un cachorro? El entrenamiento para ir al baño terminaría en unas pocas semanas, simplemente dejando al niño en el baño después de comer. El fuerte golpeteo de un periódico enrollado sobre el mostrador enseñará rápidamente a un niño en proceso de dentición a no masticar los muebles. Con abundantes elogios y muestras de afecto, podrás enseñarle a mantenerse quieto o a no salirse de la cama, y rara vez tendrás que regañarle por llevarse algo sucio a la boca. Por supuesto, esto suena ridículo, pero si se quieren resultados, hay que aplicar disciplina. ¿Cómo se puede hacer esto?

¿Qué tipo de disciplinario serás?

A continuación, se presentan cuatro estilos de disciplina. Para descubrir cuál describe mejor los métodos que probablemente usarás, marca con un círculo el grupo que incluya la mayor cantidad de afirmaciones con las que estés de acuerdo o cuyos métodos sea más probable que sigas.

Disciplina tipo A:

¿Estás de acuerdo con que...

a) a los niños se les debe enseñar a no pensar sino a obedecer?
b) las formas estrictas (pero no crueles) de disciplina militar son la forma más efectiva de formar un carácter fuerte?
c) los padres que pasan tiempo negociando con sus hijos, ¿no les están enseñando a respetar la autoridad?
d) las frases "mi casa, mis reglas", "porque yo lo digo" o "cuando pagues las cuentas, puedes decidir" ¿son afirmaciones efectivas de la autoridad paterna?
e) si un niño no puede seguir las normas y estar en la mesa a las 5:30, ¿no se le debería permitir comer fuera de ella?

Disciplina tipo B:

¿Estás de acuerdo en que...

a) los padres deben hablar sobre las opciones de castigo con sus hijos?
b) se le debe dar la oportunidad de explicarse a un niño antes de castigarlo por romper una regla de la casa?
c) explicar por qué algo está mal es más importante que aplicar los castigos?

d) las técnicas disciplinarias no deberían dirigirse a la autoestima de un niño?
e) la hora de la cena es flexible y comer juntos no es obligatorio?

Disciplina tipo C:

¿Estás de acuerdo en que...

a) los niños aprenden mejor a través de su propio ensayo y error?
b) la crianza estricta hace que los niños se rebelen y se metan en problemas?
c) los padres deben esforzarse por ser los mejores amigos de sus hijos en lugar de ejercer de disciplinarios autoritarios?
d) tus propios padres fueron indulgentes contigo y saliste bien parado?
e) la hora de la cena será cuando tu hijo esté listo para sentarse y comer?

Disciplina tipo D:

¿Estás de acuerdo en que...

a) alguien más se encargará principalmente a disciplinar a tu hijo debido a tu exigente horario de trabajo?
b) los niños son ingeniosos y pueden aprender a cuidarse a sí mismos desde pequeños?
c) a menos que tu hijo esté en peligro, ¿no es necesario regañarlo ni castigarlo?
d) disciplinar a un niño solo le enseña a portarse mal cuando los adultos no están cerca?

e) alguien más se encargará de preparar las comidas de tu hijo, porque no esperas estar en casa a la hora de comer?

Si te atrae el método de disciplina severo y contundente descrito por el estilo A, tu estilo de disciplina será autoritario. Establecerás normas firmes y esperarás que se cumplan con el mínimo de preguntas. No cabe duda de que quieres a tu hijo, pero debes hacerle saber quién es el jefe y que debe seguir tus directrices.

Si estás más de acuerdo con las afirmaciones del tipo B, serás un padre autoritativo. Crees en explicar y exponer las causas y consecuencias antes que en imponer un castigo rápido. Aunque la mayoría de los conductistas favorecen este estilo, si das explicación por horas y horas, es probable que tu hijo se desconecte de tus largas conferencias.

Si te identificas más con el estilo C, serás un padre permisivo. No te preocuparás por las cosas pequeñas y confiarás en que tu hijo descubrirá por sí mismo lo que está bien y lo que está mal a través de la experiencia y con el paso del tiempo. Tal vez seas indulgente porque tu objetivo es ser el mejor amigo de tu hijo y temes que imponer castigos y poner límites a su comportamiento haga que no te quiera.

Si te atrae más el estilo de disciplina descubierto en el tipo D, corres el riesgo de ser un padre desinteresado. Si tienes otras obligaciones o intereses, evitarás o estarás físicamente lejos de la parte más conflictiva de la disciplina infantil. Tienes unas normas, pero dejas que sean otros los que se encarguen de hacerlas cumplir.

Aunque puede que te inclines fuertemente hacia un estilo, la mayoría de los padres son una combinación de dos o más; por ejemplo, autoritarios en lo académico y permisivos en las tareas domésticas. Independientemente de los métodos que pongas en práctica, confiar ciegamente en las tácticas que utilizaron contigo porque sientes que "así es como me criaron y salí bien" es una evasión. Ser un buen padre o madre es una habilidad que hay que evaluar y perfeccionar constantemente. Esto significa mantenerse al día de las últimas investigaciones sobre la crianza de los hijos y comprender que una técnica que puede haber funcionado contigo puede que no funcione con tu hijo.

Sí, habrá días difíciles, pero ningún padre es perfecto. Si sirve de consuelo, todos los padres tienen algo en común: el miedo a ser demasiado duros o blandos a la hora de imponer normas. Con amor en tu corazón y las mejores intenciones, solo puedes hacer lo mejor que puedas.

¿Qué técnicas disciplinarias vas a utilizar con tu hijo?

"Lo más difícil que hemos hecho es dejar que nuestro hijo se durmiera llorando. Literalmente tuve que sujetar a mi mujer para que no abriera la puerta y lo dejara entrar en nuestra cama. La primera noche se durmió apoyado en nuestra puerta; la segunda, lloró un poco, pero luego se acabó. La hora de acostarse siempre había sido un calvario, pero finalmente teníamos paz y tranquilidad. Le pregunté a mi mujer: '¿Por qué no hicimos esto hace dos años?'"

—Steve, padre de dos hijos de 22 y 25 años

Una vez que hayas identificado el estilo de disciplina que mejor te funciona, deberías investigar las mejores técnicas disciplinarias para aplicar cuando tu hijo se porte mal. Es posible que ya estés familiarizado con los tiempos muertos y la eliminación de privilegios televisivos, pero ¿cuál es la forma más efectiva de utilizar estas y otras técnicas disciplinarias? Según la Asociación Americana de Médicos de Familia (AAFP, por sus siglas en inglés) y la Academia Americana de

Pediatría (AAP, por sus siglas en inglés), existen métodos disciplinarios eficaces e ineficaces. Si reprendes de forma incorrecta, tus esfuerzos podrían ser contraproducentes y sacar lo travieso en lugar de lo amable de tu hijo.

Refuerzo positivo

A continuación, se muestran los métodos disciplinarios reconocidos por las asociaciones mencionadas anteriormente. Indica si la afirmación es verdadera (V) o falsa (F).

1. El refuerzo positivo funciona con niños de todas las edades. ¿V o F?

2. Los padres suelen cometer el error de prestar más atención a un niño cuando hace algo mal que cuando hace algo bien. ¿V o F?

3. Poner una estrella dorada en una tabla o una calcomanía en la camisa del niño es una forma de refuerzo positivo. ¿V o F?

4. El refuerzo positivo no tiene por qué implicar un juguete o un premio físico; una sonrisa o un abrazo pueden ser igualmente efectivos. ¿V o F?

5. El refuerzo positivo es más efectivo si se aplica de manera constante e inmediatamente después del comportamiento deseado. ¿V o F?

Todas estas afirmaciones son ciertas. Los expertos recomiendan que los padres elijan cuidadosamente sus palabras a la hora de elogiar la acción y no al niño. Decir "¡Buen trabajo!", aplaudir y animar a hacer el bien centra la atención en la acción, mientras que decir "¡Qué bueno eres!" centra la atención en ser bueno. Los expertos recomiendan elogiar a menudo a un niño, pero evitar celebrar cada una de sus acciones. Guardar un juguete, por ejemplo, garantiza una estrella dorada en la frente; jugar con él, no. Si se abusa de los cinco altos, estos se vuelven insignificantes y se esperan en cada ocasión.

La silla de pensar

Las técnicas de la silla de pensar o el tiempo fuera se utilizan mucho, pero rara vez se aplican de forma correcta. Se trata de una técnica disciplinaria que requiere esfuerzo. Pon a prueba tu coeficiente intelectual de tiempo de espera respondiendo al siguiente cuestionario. Elige si la afirmación es verdadera (V) o falsa (F).

1. El tiempo fuera es más efectivo en niños mayores de seis años. ¿V o F?
2. Si un niño sabe que un padre se toma en serio el tiempo fuera, se quedará en un rincón. ¿V o F?
3. Hablar sobre las razones del castigo durante el tiempo fuera aumenta su efectividad. ¿V o F?
4. Cuanto peor sea la ofensa, más tiempo deberá estar el niño en tiempo fuera. ¿V o F?
5. Los momentos a solas se aprovechan mejor cuando un niño derrama bebidas, deja caer un objeto o comete otras torpezas. ¿V o F?

Los tiempos de espera no son infalibles. Esta técnica disciplinaria es más efectiva en niños de entre 18 meses y seis años, por lo que la primera afirmación y todas las demás son falsas. Puedes tener la cara enrojecida, sacarte las orejas, suplicar y, aun así, tener que lidiar con un niño que no se queda quieto. Hablar con un niño cuando está en el exilio anula el propósito del castigo (#3). Un niño no debe pasar más de un minuto por año de edad en tiempo fuera (el tiempo fuera de un niño de cuatro años no debe durar más de cuatro minutos) ni ser penalizado por accidentes normales de la infancia, como mojarse los pantalones o derramar la leche (puntos 4 y 5). Pocos padres tienen éxito en sus primeros intentos con el tiempo fuera, pero con práctica y tenacidad, lo conseguirán.

Castigos corporales y regañinas.

Más del 90 por ciento de las familias admite haber utilizado castigos corporales para disciplinar a sus hijos, a pesar de que existen muchas pruebas de sus inconvenientes. Antes de decidir si está bien o mal darle un castigo corporal a tu hijo, responde al siguiente cuestionario. Elige si la afirmación es verdadera (V) o falsa (F):

1. Demasiados regaños pueden fomentar el mal comportamiento, ya que el niño aprende que así es como recibe más atención. ¿V o F?

2. Cuando se utilizan solos, los regaños aumentan la probabilidad de que un niño ignore el buen comportamiento que se le pide. ¿V o F?

3. Los castigos corporales se usan más comúnmente en los niños de familias de escasos recursos. ¿V o F?

4. El regaño es menos efectivo en niños menores de 18 meses. ¿V o F?

5. Los estudios muestran que los adultos a menudo albergan sentimientos de ira por haber sido azotados cuando eran niños. ¿V o F?

Todas las afirmaciones anteriores son ciertas. El castigo corporal (azotes, sacudidas o golpes con un cinturón, una cuchara de madera u otros objetos) provocará una reacción inmediata en un niño, pero no promoverá un buen comportamiento a largo plazo. Se anima constantemente a los padres a encontrar otras formas de disciplina que no sean tan dañinas. Retener golosinas o juguetes, establecer tiempos de espera o asignar tareas adicionales son alternativas efectivas. tu pediatra puede recomendarte programas para dejar el hábito de usar el castigo corporal como la forma principal de disciplina o de manera automática e impulsiva.

Explicaciones verbales/elaboración de reglas.

La buena comunicación parece la píldora mágica que cura todos los males sociales, pero ¿puede calmar a un niño rebelde? Responda el siguiente cuestionario para comprobar si sabe cuál es la forma correcta de hablar. Elige si la afirmación es verdadera (V) o falsa (F):

1. La mejor manera de explicar los inconvenientes del mal comportamiento es empezar cuando el niño aún es un bebé. ¿V o F?

2. Es importante que le expliques qué reglas ha roto inmediatamente, aunque estés muy enfadada. ¿V o F?

3. Dejar que un niño elija su castigo por romper una norma socava la autoridad de los padres. ¿V o F?

4. Si repites una regla constantemente, tu hijo pensará que eres una pesada y no te hará caso. ¿V o F?

5. Explicar las reglas de la casa no es tan importante como explicar el castigo que tendrá si se rompen las normas. ¿V o F?

Es cierto que las explicaciones verbales son una buena técnica de disciplina, pero todas las afirmaciones anteriores son falsas. Explicar con paciencia por qué no está bien tirar comida al suelo es una pérdida de tiempo con niños menores de 18 meses (pregunta n.° 1), ya que aún no han alcanzado la edad de razón. Si estás muy enfadada y pareces un volcán a punto de estallar (n.° 2), es posible que solo aterrorices tanto a tu hijo que apenas recordará su mal comportamiento. Involucrar a su hijo en la elección del castigo apropiado es una buena idea, ya que le permite sentirse responsable sin que disminuya el respeto hacia los padres (n.° 3), y explicarle con frecuencia los beneficios de seguir las normas ayuda a los niños a desarrollar habilidades de pensamiento crítico y aumenta la probabilidad de que las cumplan. (n.°4 y 5).

¿Cuándo y cómo aplicarás estas técnicas disciplinarias?

Ves a un niño que roba una galleta del plato de otro, que tira de la cola de un gato, que patea una torre de bloques, que golpea a un bebé dormido y que, después, se tira en el sofá para tener una rabieta épica. Desearías que no fuera tuyo, pero lo es. ¿Qué demonio ha poseído al niño que hace unos minutos te dio un abrazo tan conmovedor? Y lo que es más importante, ¿qué vas a hacer, si es que vas a hacer algo, con respecto a su mal comportamiento?

Con la información adquirida anteriormente, elige la letra que corresponda a la técnica que utilizarás para los malos comportamientos comunes de los niños. Si consideras que el comportamiento no merece un castigo y que el pequeño puede ser expulsado, marca una X en la última columna. Después de hacer tu elección, describe con detalle cómo vas a llevar a cabo el castigo.

¿Cómo castigarlo o dejarlo pasar?

RP = refuerzo positivo, TF= tiempo fuera, CV= castigo verbal, CC=castigo corporal, EV= explicación verbal, X = dejarlo pasar

---

¿Qué harías si tu hijo... __________

no se queda en la cama a pesar de las órdenes y amenazas de castigo? __________

se niega a bañarse o a cepillarse los dientes? __________

juega a la pelota en la casa o se salta sobre los muebles? __________

dibuja en las paredes o estropeara algún objeto de la casa mientras jugaba? __________

tiene berrinches todos los días a la hora de dormir? __________

se tarda tanto en hacer los deberes que nunca pude terminarlos? __________

se niega a comer la comida que has preparado? __________

tira la comida repetidamente al suelo durante la hora de comer o se la da al perro debajo de la mesa? __________

se niega a comer cualquier cosa excepto caramelos durante días? __________

RP = refuerzo positivo, TF= tiempo fuera, CV= castigo verbal, CC=castigo corporal, EV= explicación verbal, X = dejarlo pasar

---

¿Qué harías si tu hijo... ________

tiene un gran berrinche en una tienda? ________

te pega mientras intentas disciplinarlo? ________

te responde con un "¡no!" o "¡cállate!" cada vez que le pides algo? ________

grita cada vez que las cosas no salen como él quiere? ________

señala y repite "quiero, quiero" o "dame, dame" ante todo lo que ve en cada tienda, haciendo que ir de compras sea muy difícil? ________

golpea a otro niño durante el tiempo de juego? ________

se pone histérico ante la más mínima frustración? ________

se orina en la cama? ________

corre desnudo por casa cuando hay visitas? ________

sigue dejando su chaqueta u otros objetos en la escuela o en cualquier otro lugar? ________

RP = refuerzo positivo, TF= tiempo fuera, CV= castigo verbal, CC=castigo corporal, EV= explicación verbal, X = dejarlo pasar

---

¿Qué harías si tu hijo... __________

le dice a un desconocido algo insensible y vergonzoso como "hueles mal" o "estás muy gordo"? __________

se ensucia jugando en el barro justo después de haberlo bañado y vestido con un traje nuevo y caro? __________

deja la cocina hecha un desastre y rompe tu taza de café favorita al servirse zumo sin permiso? __________

se niega a comer el último trozo de pastel a pesar de tiene la cara llena de glaseado? __________

esconde caramelos debajo de su camiseta mientras estás de compras? __________

se finge estar enfermo o lesionado? __________

Hacer cumplir tus normas y castigar los malos comportamientos no es una ciencia exacta, con una solución única para todos los casos. Los padres están constantemente preocupados por si sus castigos no se ajustan a las faltas de sus hijos. La disciplina efectiva requiere ensayo y error, así que no te desanimes si cometes algún error. Y, justo cuando creas que lo has descubierto todo, tu hijo cambiará y tendrás que empezar de nuevo.

¿Qué harás si no puedes hacer que tu hijo se porte bien?

"Espero que no me denuncien por esto, pero, cuando tenían rabietas y contar hasta tres o ponerlos en tiempo fuera no funcionaba, sacaba la botella de agua con atomizador. Sí, como si estuviera entrenando a un perro: un rápido chorro en la cabeza solía hacer que se calmaran. Un par de veces tuve que usar toda una botella de agua en el coche. Sí, el asiento trasero estaba empapado, pero después de un rato tuve que decir: '¡Voy a buscar la botella de agua!' y se portaban bien!"

—Kathe, madre de dos hijos de 9 y 13 años

Los ves en la pantalla o, tal vez, conoces a una pareja así en la vida real: Son los padres que envían un SOS a una niñera famosa para que les ayude a controlar a sus hijos, que se han salido de control, y salve a la familia de convertirse en una versión suburbana de El señor de las moscas.

¿Qué se puede hacer para evitar esta situación? A continuación, se presentan varios casos disciplinarios comunes. La forma en que respondas a estas situaciones te dará una pista sobre si, sin darte cuenta, le estás enseñando a tu hijo a desafiar tu autoridad.

1. ¿Dejarías de hacer cumplir una regla si se rompiera mientras la empresa estaba fuera para evitar causar una escena?

2. ¿Te verías demasiado cansado después de un largo día para hacer cumplir las normas o para supervisar un castigo prometido?

3. Si tu hijo no guarda sus juguetes como le has pedido, ¿los recogerás tú en lugar de ver la casa desordenada?

4. ¿Insistirías en que tu hijo limpie su habitación o simplemente mantendrías la puerta cerrada para ocultar el desorden?

5. ¿Sería la hora de acostarse a las 19:30 h, a menos que haya algún programa que a tu hijo le guste ver?

6. ¿Estaría bien comprar y compartir un churro con tu hijo mientras estás de compras, aunque tu regla sea "no picar entre horas"?

7. ¿Pospondrás un castigo porque coincida con una fiesta de cumpleaños, un partido de fútbol o una reunión familiar?

8. ¿Dejarás de imponer un tiempo fuera si tu hijo se aleja continuamente del área de espera designada?

9. ¿Le quitarías o reducirías el castigo a tu hijo si mostrara suficiente remordimiento?

10. Si tu hijo estuviera castigado, ¿podría seguir invitando a sus amigos a la casa o jugar videojuegos en su cuarto?

11. ¿Podrá tu hijo coger un juguete o un libro y llevárselo al rincón de tiempo fuera?

12. Si le permites a tu hijo jugar con un amigo y luego recuerdas que está castigado, ¿anularías el castigo porque es más fácil que aplicarlo en ese momento?

13. ¿Anularías o reducirías un castigo impuesto por tu pareja?

14. ¿Establecerías una norma en casa o le pondrías un castigo a tu hijo sin decírselo a tu pareja?

15. ¿Le pedirías disculpas a tu hijo por un castigo impuesto por tu pareja o dirías algo como "Cambiaría el castigo si pudiera"?

Si has respondido "sí" a la mayoría de las preguntas anteriores, es posible que te estés preparando para entrar en el Salón de la Vergüenza Disciplinaria. Según los expertos, la falta de coherencia y diligencia a la hora de hacer cumplir las normas es la razón más común por la que los padres pierden autoridad sobre sus hijos. Sin duda, es más fácil ceder ante un niño que llora y exige una barra de chocolate cuando estás en la caja de un supermercado abarrotado. Sin embargo, si lo haces, le estás enviando un mensaje claro: las rabietas sirven para conseguir lo que uno quiere. Cuantas más veces cedas, más reforzarás este comportamiento.

Las parejas que no parecen unidas y tienen normas diferentes y un seguimiento dispar son el forraje perfecto para que un niño las explote. No digas que nunca has utilizado la estratagema de "Papá (o la abuelita) dijo que estaba bien" cuando eras niño. Al igual que los bueyes de la fábula de Esopo *Los cuatro bueyes y el león*, los padres deben recordar: "Unidos permanecemos, divididos caemos".

Por fortuna, hay muchos recursos disponibles en línea, a través de los proveedores de atención médica o de los grupos comunitarios que pueden ayudar a erradicar estos hábitos. En muchos casos, el primer paso para educar con éxito a un niño es educar primero a los padres.

Capítulo 11

La crianza especial

"¿Qué quiere decir con 'Holanda'? ¡Yo me inscribí para un viaje a Italia! Tengo que estar en Italia. Toda mi vida he soñado con ir a Italia. Pero hubo un cambio en el plan de vuelo. Hemos aterrizado en Holanda y aquí es donde debe quedarse. Lo importante es que no la hemos traído a un lugar horrible, sucio, pestilente, lleno de hambruna y enfermedad. Solo es un lugar diferente."

—Emily Perl Kingsley, de su ensayo "Bienvenidos a Holanda"

Emily Pearl Kingsley, madre de un niño con síndrome de Down, escribió un famoso ensayo en el que describía cómo criar a un hijo con discapacidad era como verse obligado a aterrizar en un país cuando se había planeado visitar otro. Tener gemelos (u otros múltiples), un hijo con discapacidades o decidir ser padre soltero es como tener que ir de vacaciones a un país que no habías planeado visitar: puede que no fuera tu plan original, pero una vez allí, vivirás experiencias únicas, visitarás lugares maravillosos y conocerás a gente estupenda, todas cosas que de otro modo te habrías perdido si no te hubieras desviado del camino.

Criar a un hijo es algo especial en sí mismo, y además de descubrir que estarán criando a un niño con necesidades especiales, los padres descubren que darán a luz a dos o más bebés a la vez que es emocionante, un poco aterrador y, por lo general, inesperado. Pero, como lo confirmará cualquier padre que ya haya vivido el shock inicial y haya tenido la experiencia de criar una familia con demandas un poco más allá de las exigencias promedio de la crianza de un niño, las alegrías de las bendiciones adicionales de tener un niño con necesidades especiales o de dar la bienvenida a múltiples bebés vienen acompañadas de beneficios emocionales tremendamente gratificantes que duran toda la vida.

¿Qué situaciones únicas deberías esperar con criar múltiples?

"Al recaudar múltiples, la ayuda adicional es obligatoria; Definitivamente, es todo manos a la obra. Pídele ayuda a tu madre, a tu hermana o contrata ayuda si puedes. Ve a la casa de un pariente si es posible. Tienes que llamar a las tropas. A continuación, únete a un club de gemelos. Me uní antes de dar luz, lo cual fue genial. Tuve la oportunidad de escuchar historias de partos que me resultaron útiles, y los miembros realmente pueden ayudarte con recursos. Incluso si ya tienes un hijo, necesitarás el cochecito adicional, la silla de coche y todo lo demás. También es bueno tener camaradería con otros padres que están en la misma situación. Cuando nuestros gemelos crecieron, incluso formamos una liga de fútbol de gemelos idénticos."

—Lois, madre de un hijo de 22 años y dos hijas gemelas de 20 años

Los mayas creían que los gemelos eran una bendición, al igual que los antiguos romanos, sobre todo si ambos eran varones. Tener gemelos tiene un significado especial en casi todas las culturas. Para los padres, suele significar el doble de trabajo, pero también el doble de amor. Los gemelos son un paquete adicional de amor: el doble de risas, el doble de abrazos. Al compartir tantas cosas, son expertos en jugar bien con los demás y, a menudo, enseñan a los padres a hacer concesiones.

Si descubres que vas a tener el doble (o más) de latidos en tu vientre, prepárate para vivir las siguientes situaciones exclusivas de los padres de gemelos o mellizos respondiendo a la siguiente serie de preguntas:

1. ¿Agradecerás o minimizarás la atención adicional que reciben tus múltiples?

2. ¿Cómo vas a gestionar los celos de otras madres ante la atención adicional que puedan recibir tus hijos múltiples?

3. ¿Te sentirás más inclinado a contratar a una niñera o a convertirte en madre o padre a tiempo completo si descubres que vas a tener gemelos?

4. ¿Insistirás en que tus múltiples se vistan igual, aunque no quieran?

5. ¿Insistirás en que tus múltiples se vistan de manera diferente para reforzar la idea de que son individuos?

6. ¿Qué harás si tus múltiples insisten en hacer todo juntos y exactamente igual?

7. ¿Harás grandes cambios en la forma en que administras las finanzas familiares sabiendo que vas a tener más de un bebé a la vez?

8. ¿Te unirás a un grupo de apoyo para gemelos o múltiples?

9. ¿Estarías dispuesto a que tus múltiples participaran en investigaciones científicas no invasivas (cuestionarios, pruebas de habilidades motoras, etc.) sobre múltiples?

10. ¿Esperas que tus múltiples alcancen los hitos del desarrollo (caminar, hablar, aprender a ir al baño, etc.) al mismo tiempo? ¿Qué harás si uno se desarrolla mucho más rápido que el otro?

11. ¿Qué dirás si la gente etiqueta a una de tus gemelas como "la gemela bonita" o el "gemelo más simpático de los dos"?

12. ¿Crees que es importante dedicarles tiempo y atención individual a cada uno de ellos? Si es así, ¿cómo se logrará?

13. ¿Qué harás si tus gemelos comienzan a cambiarse de sitio en el colegio y a gastar otras bromas de gemelos?

14. Si no puedes decir cuál de tus gemelos fue el instigador de una broma, ¿castigarías a ambos?

15. ¿Qué harías si los caracteres de tus gemelos fueran tan diferentes como la noche y el día y pelearan constantemente?

A medida que aumenta la edad media para tener el primer hijo, también aumenta la incidencia de embarazos múltiples. Las mujeres que conciben después de los 25 años presentan niveles más altos de las hormonas que aumentan la probabilidad de tener gemelos o trillizos. Los avances médicos también contribuyen a aumentar estas cifras. Las mujeres que se someten a tratamientos de fertilidad, como la fertilización in vitro, o que toman medicación para la fertilidad para ayudar a concebir, tienen más probabilidades de tener embarazos de múltiples.

¿Cómo debes prepararte para criar a un niño con necesidades especiales?

"Si pudiera permitir que los padres eligieran la discapacidad que tendrían sus hijos, les diría que eligieran el síndrome de Down. Estos niños son tan generosos, tan amorosos. Mi hijo (afligido) es el corazón de nuestra familia. Realmente es una bendición, y las personas que he conocido

gracias a mi hijo son increíbles. Nunca habría hecho las amistades que tengo si no fuera por su condición."

—Donnell, madre de un hijo de 16 años y madre de otro de 12 años con síndrome de Down

El aumento de la prevalencia del trastorno del espectro autista (TEA), la trisomía 21 (síndrome de Down) y las alergias alimentarias graves en la infancia ha hecho que estas afecciones reciban una mayor atención en la sociedad. Si estos números crecientes le hacen temer que tu hijo que está a punto de nacer podría contribuir a esta tendencia, tenga en cuenta que el 97 por ciento de todos los bebés nacen sin defectos congénitos y que la gran mayoría de los niños no mostrarán signos de discapacidades del desarrollo.

Si descubres que es probable que tu hijo nazca con una afección médica, hay muchas buenas noticias. Los programas científicos y sociales que ofrecen apoyo y tratamiento para muchas discapacidades infantiles están progresando día a día. Las siguientes preguntas te serán de utilidad si estás preparándote para ser madre o padre de un niño con necesidades especiales.

¿Cuáles son algunas de las consideraciones que hay que tener en cuenta al convertirse en padre o madre de un niño con necesidades especiales?

1. ¿Te pondrás en contacto con agencias y organizaciones que ayudan a los padres de niños con necesidades especiales para pedir ayuda y apoyo?

2. ¿Estarías dispuesta a mudarse a una zona que ofrezca más programas y una mejor atención médica para niños con necesidades especiales?

3. ¿Solo vas a aceptar lo que diga el médico para tratar lo que tiene tu hijo o estás dispuesto a probar cosas nuevas y métodos que no están bien comprobados?

4. ¿Serás más indulgente con tu hijo con necesidades especiales cuando se porte mal?

5. ¿Te mantendrás firme en tu decisión de que tu hijo con necesidades especiales sea parte de tu familia y no el centro de ella?

6. ¿Hasta qué punto estás dispuesta a garantizar la integración de tu hijo con necesidades especiales en las escuelas ordinarias o en la sociedad en general?

7. ¿Conoces las leyes de tu municipio con respecto a los derechos paternales sobre la educación y los mandatos que debe seguir el centro educativo local?

8. ¿Cómo vas a manejar los comentarios ignorantes que insinúan que las discapacidades físicas o emocionales de tu hijo se deben a tu mala crianza?

9. ¿Cómo vas a modificar tus finanzas y pólizas de seguro para poder proporcionar la atención médica necesaria?

10. ¿Qué condiciones podrían hacerte pensar que a tu hijo le iría mejor viviendo en un centro de vivienda asistida?

No se puede negar que tener un hijo con un defecto congénito o de desarrollo grave es todo un desafío, pero también tiene recompensas. Los padres que crían a un hijo con necesidades especiales confesarán que les ha obligado a realizar proezas extraordinarias de fortaleza personal y fuerza emocional que, de otro modo, ni siquiera habrían intentado, y mucho menos logrado, si sus hijos hubieran nacido sin dolencias.

Junto con esta fuerza viene el apoyo. De todas las formas en que la tecnología ha mejorado nuestras vidas, la posibilidad de que los padres se comuniquen, obtengan información de la comunidad médica y establezcan contacto con otras personas en la misma situación es una de las más importantes.

¿Cuáles son las consideraciones a la hora de criar a un hijo cuando se es una pareja no casada?

Contrariamente a la creencia popular, el matrimonio es mucho más que un pedazo de papel. Conlleva todo tipo de privilegios legales entre tú, tu hijo y tu pareja. Es posible que ambos prometieran criar al niño como una pareja dedicada y comprometida, pero hasta que firmen en la línea de un certificado de matrimonio o un acuerdo de paternidad, para la ley son una pareja no casada y el hijo está creciendo en una familia monoparental.

Si vas a criar a un niño de esta manera, existen preocupaciones legales y logísticas que deberás abordar para proteger tus derechos y los mejores intereses de tu bebé.*

1. ¿En tu país de residencia, es necesaria una declaración jurada firmada que establezca la paternidad antes de permitir que un hombre soltero firme el acta de nacimiento o tenga derechos legales a tu hijo?

2. Si el padre de tu bebé no presenta una declaración jurada que establezca la paternidad, ¿se le podrían negar a tu hijo los beneficios, como el seguro social

o el derecho a una póliza de cuidado familiar que tiene el padre por su empresa?

3. Si tu pareja no está reconocida legalmente como padre, ¿podría perder la custodia de tu hijo en caso de que tú mueras o te incapacites?

4. Si tu pareja no ha presentado un acuerdo de custodia en el juzgado, ¿podría la madre del bebé volver a casarse y hacer que su nuevo marido adopte al hijo sin tu consentimiento?

5. ¿Se le podría negar a tu hijo la inscripción en una iglesia, parroquia, club u otro programa privado por tu estado civil?

6. Si presentas las declaraciones de impuestos por separado, ¿quién reclamará a tu hijo como dependiente?

7. Si pierdes la cobertura sanitaria por desempleo, ¿no podría tu hijo obtener cobertura a través de la póliza de tu pareja?

8. Si tu pareja estuvo casada anteriormente, ¿modificará los archivos de la Seguridad Social para que tu hijo también pueda recibir prestaciones?

9. ¿Permite tu municipio que las parejas del mismo sexo firmen el acta de nacimiento de un niño?

10. Si se impugna el acuerdo de adopción o gestación subrogada de tu hijo, ¿es más probable que pierdas la custodia si no están casados?

*Como hemos tratado algunos temas legales, aquí va el descargo de responsabilidad obligatorio: el cuestionario anterior y cualquier otra información contenida en este libro no constituyen asesoramiento legal. Las leyes cambian y varían según la zona. Si tiene alguna pregunta o necesita información sobre los derechos de custodia u otros asuntos de derecho de familia, póngase en contacto con un abogado.

¿Qué pasos puedes dar para criar con éxito a un hijo siendo madre o padre soltero?

Criar a un hijo en solitario puede resultar desconcertante, pero, si encuentras consuelo en las cifras, lo siguiente debería hacerte sentir más tranquila: el último informe del Gobierno de EE. UU. indica que aproximadamente el 40 por ciento de los nacimientos son de mujeres solteras y, en California, el número de mujeres solteras que solicitan donaciones de esperma al California Cryobank (el banco de esperma más grande de los E.E.U.U.) ha aumentado un 20 por ciento. En otras palabras, si has elegido criar a un hijo por ti misma, definitivamente no estás sola.

Pertenecer a un grupo grande no significa necesariamente que estés a salvo de sentirte aislado o sin apoyo. Los padres solteros mencionan constantemente las finanzas, la falta de tiempo, la alienación y la sensación de insuficiencia como sus principales preocupaciones.

Si te estresas con esta lista, hazte las siguientes preguntas para ver si estás abordando estas preocupaciones de la mejor manera posible y si estás dispuesto a hacer lo que sea necesario para evitar los obstáculos de la paternidad soltera.

Si te preocupa cómo llegar a fin de mes con un solo ingreso...

1. ¿Has explorado todos los programas sociales que ofrecen ayuda financiera a padres solteros?

2. ¿Has pensado en volver a la escuela para aumentar tu potencial de ingresos?

3. ¿Hablarás con tu jefe para aumentar tus responsabilidades, horas y salario?

4. ¿Estás tomando medidas serias para crear un plan financiero o simplemente espera que tus problemas económicos se resuelvan por sí solos?

5. ¿Gastarás y comprarás más para tu hijo de lo necesario para compensar cualquier deficiencia que puedas sentir por ser una madre soltera?

La crianza en solitario no garantiza una vida de pobreza. Existe mucha ayuda financiera para padres solteros, literalmente al alcance de la mano. Con solo unas pocas pulsaciones en el teléfono o la computadora, aparecerán en la pantalla multitud de sitios web y organizaciones que ofrecen consejos, servicios y comunidades ansiosas por ayudarte a llegar a fin de mes.

Si te preocupa no estar a la altura del supuesto reto que implica ser madre soltera…

1. ¿Estarás dispuesta a aceptar que ser madre significa tener días buenos y malos, con algunos megaerrores de vez en cuando?

2. ¿Te armarás de valor para dejar de lado a las personas, mascotas o actividades que te quitan un tiempo valioso y aumentan tu nivel de estrés?

3. ¿Le pedirás a tu hijo que te ayude con las tareas del hogar (lavar la ropa, fregar los platos, trabajar en el jardín) en cuanto pueda?

4. ¿Te negarás a trabajar hasta el agotamiento solo para demostrar que puedes hacerlo todo tú mismo?

5. ¿Buscarás continuamente consejos sobre crianza e inspiración de expertos que hayan tenido experiencias positivas con la crianza en solitario?

Cuando todas las responsabilidades recaen sobre tus hombros, es necesario aligerar la carga o acabarás aplastada. ¿No quieres volverte loca con tanta responsabilidad? Aprende a rechazar solicitudes o evitar la presión para participar en una cantidad abrumadora de actividades. Si puedes, inscribe a tu hijo en el club de teatro, pero no te apuntes para llevar pasteles a todas las fiestas escolares si apenas tienes tiempo para preparar la cena. La palabra más poderosa de tu vocabulario será "No". Aprende a utilizarla cuando los adultos necesitados te agobien o cuando estés a punto de castigarte por no participar en todas las actividades escolares o programas infantiles de tu barrio. La lección que los padres aprenden muy rápidamente es que hacer todo mal nunca es tan bueno como hacer menos cosas y hacerlas bien.

Si te preocupa que te excluyan o que te falte apoyo...

1. ¿Extenderás una rama de olivo a quienes desaprueban que te conviertas en madre soltera y trabajarás para crear una relación civil?

2. ¿Seguirás blogs o participarás en foros de crianza para ampliar tu grupo de apoyo, incluso si solo es en línea?

3. ¿Evitarás usar a tu hijo como excusa para no salir, conocer gente y abrirte a una relación romántica?

4. ¿Adoptarás la creencia de que por cada amistad que pierdas al convertirte en madre soltera, podrás hacer dos nuevas?

5. ¿Organizarás una cooperativa de niñeras con otros padres para ampliar tu círculo social?

Si la cantidad de blogs de crianza es indicativa, a los padres solteros les encanta hablar con otros y crear redes sociales, así que no tienes excusa para no hacer nuevos amigos. Si tus contactos sociales actuales no te brindan consuelo o incluso agravan tu situación, busca otros nuevos. No pierdas el tiempo buscando su aprobación; tu papel como madre es criar a un hijo sano y feliz, no complacer a tus amigos. Rodéate de personas que te ayuden a lograr este objetivo, no que te pongan trabas. Puede que suene duro y difícil, pero no es imposible.

Si te preocupa que tu hijo se vea expuesto a algún drama entre su padre (o madre) biológico…

1. ¿Tú y el padre del bebé negociarán con un abogado un acuerdo de custodia o visitas antes de que nazca el bebé?

2. ¿Tratarás siempre de presentar a tu expareja de manera positiva, incluso si no se lo merece, por el bien de tu hijo?

3. ¿Evitarás hablar de tus problemas con tu expareja y tu familia delante de tu hijo?

4. ¿Tendrás la regla de no meterte nunca en una pelea ruidosa con tu expareja delante de tu hijo?

5. ¿Nunca usarás a tu hijo para vengarte de tu expareja, aunque fuera una persona insoportable?

Te guste o no, tú, tu hijo y tu expareja tienen una conexión de por vida que no se puede romper. Es posible que te estremezcas al oír el nombre del padre de tu bebé, pero su sangre corre por las venas de tu hijo, al igual que la tuya. Si críticas al padre de tu hijo, estarás menospreciando una parte de él. Por eso es tan importante hacer todo lo posible para mantener una relación civilizada con tu expareja, sin importar lo mal que te haya tratado. tu hijo sentirá un deseo natural de amar a su padre y a su madre. Debes considerar este vínculo como algo sagrado y hacer todo lo que esté a tu alcance para fomentar el amor y el respeto entre los tres. Incluso si tu relación es tensa, busca la manera de poneros de acuerdo sobre las normas básicas de crianza. Como explica Luisa, madre soltera de una niña de 13 años: "Le dije al padre de mi hija que teníamos que estar de acuerdo en cómo disciplinarla. No podemos mostrarle que uno es débil y el otro fuerte, porque ella lo utilizará en nuestra contra".

Reflexiones finales

Esperar un bebé es un momento lleno de asombro, especulación, emoción y, sí, ansiedad: ¿cómo se sentirá exactamente el parto?, ¿mi hijo nacerá sano?, ¿seré un buen padre? Sin embargo, en lugar de perder el sueño por lo desconocido, disfruta soñando con las posibilidades. Desde el momento de la concepción, tu hijo existe: una creación única cuyas características inigualables se irán revelando día a día mientras tus padres lo observan con asombro.

Christy, madre de tres hijos, recuerda la fascinación que sentía al observar a tus hijos pequeños y preguntarse cómo se forjarían sus personalidades con el tiempo. Ahora que tus hijos se han convertido en maravillosos adultos, ves cómo se han materializado sus personalidades y pasiones individuales en sus vidas: tu hijo mayor, al que le gustaba caminar al aire libre, se ha convertido en geólogo. El hijo al que le encantaba leer se ha convertido en maestro. "Aprendí rápidamente que los niños tienen habilidades innatas que no tienen nada que ver con las habilidades de crianza", confesó.

Esto me hizo pensar en una analogía: imagina que los padres son como una presa, una maravilla de la ingeniería moderna. El río rugiente es tu hijo, que avanza hacia su destino. Si la presa detiene por completo el flujo de agua, no cumplirá su propósito. Si dejas que el agua fluya sin restricciones y sin guía, desperdiciarás su potencial. Si la presa gestiona adecuadamente la fuerza del río, sin cambiarla, sino administrándola y guiándola, el agua puede traer vida a tierras áridas y luz a millones de personas.

Las alegrías de la paternidad son inigualables, al igual que los tiempos difíciles. Pero muchas cosas en la vida son difíciles. A veces aceptamos estos desafíos porque nos permiten crecer y descubrir que todos tenemos un superhombre o una supermujer dentro. Convertirse en padre te obliga a ponerte la capa de superhéroe y luchar la batalla justa. Tomando prestada una frase que popularizó el Cuerpo de Paz, la crianza de los hijos será "el trabajo más duro que jamás amarás".

Sobre la autora

Mónica Méndez Leahy lleva más de veinte años ayudando a las parejas a prepararse para hitos que cambian la vida y ha oficiado más de cien bodas como Comisionada Adjunta de Matrimonios Civiles del condado de Los Ángeles, California. Sus consejos sobre relaciones de pareja han aparecido en varios programas de televisión, radio y publicaciones destacadas, como The New York Times y Psychology Today. Para obtener más información, visite *1001questionstoask.com.*

www.ingramcontent.com/pod-product-compliance
Lightning Source LLC
Chambersburg PA
CBHW022016090426
42739CB00006BA/162
* 9 7 8 0 9 8 9 5 6 7 7 2 5 *